頭にしみこむ
＼メモリータイム！／

寝る前5分 暗記ブック

中2

改訂版

Gakken

もくじ

★社会

★国語 ※国語は後ろ側から始まります。

この本の特長と使い方

★この本の特長

暗記に最も適した時間「寝る前」で，効率よく暗記！

この本は，「寝る前の暗記が記憶の定着をうながす」というメソッドをもとにして，中2の5教科の重要なところだけを集めた参考書です。

暗記に最適な時間を上手に活用して，中2の重要ポイントを効率よくおぼえましょう。

★この本の使い方

この本は，1項目2ページの構成になっていて，5分間で手軽に読めるようにまとめてあります。赤フィルターを使って，赤文字の要点をチェックしてみましょう。

①

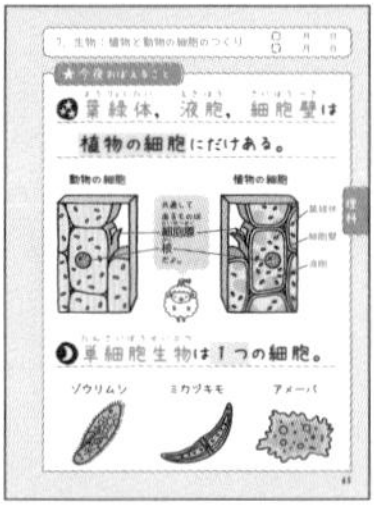
葉緑体，液胞，細胞壁は
植物の細胞にだけある。
単細胞生物は1つの細胞。
ゾウリムシ
ミカヅキモ
アメーバ

②

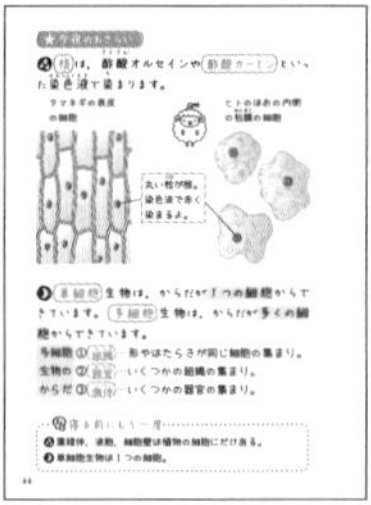
丸い粒が核。
染色液で赤く
染まるよ。

① 1ページ目の「今夜おぼえること」（英語では「今夜のお話」）では，その項目の重要ポイントを，ゴロ合わせや図解でわかりやすくまとめてあります。

② 2ページ目の「今夜のおさらい」では，1ページ目の内容をやさしい文章でくわしく説明しています。読み終えたら，「寝る前にもう一度」で重要ポイントをもう一度確認しましょう。

1. 未来の文：「テニスをする予定です」

□ 月 日
□ 月 日

★今夜のお話

Jun《ジュン》: What are you going to do tomorrow, Tom?
明日は何をする予定，トム？

Tom《トム》: Nothing special. Why?
特に何もないよ。 どうして？

Jun: ✪ We're going to play tennis at the park. Will you join us?
ぼくたちは公園でテニスをする予定なんだ。 仲間に入らない？

Tom: Oh, thanks. Yes, I will.
わぁ，ありがとう。 うん，行くよ。

Jun: Good. ☾ I'll call you tonight.
よかった。 今夜，電話するね。

Tom: OK.
わかった。

★今夜のおさらい

☆ be going to は,「〜する予定だ」,「〜するつもりだ」という意味で未来の予定を表します。**be going to** の**be**は主語に合わせて,**am, is, are**を使い分けます。

例 **He is going to visit Kyoto tomorrow.**

(彼は明日，京都を訪れる予定です。)

be going to のあとの動詞はいつも原形だよ！

☽「〜します」という未来のことは will を使って表すこともできます。疑問文は**Will**で文を始めます。

例 **Will you study after school?**
— Yes, I will.

(放課後勉強しますか。―はい。)

I'll は I will の短縮形だよ。

※**Will you 〜?**は未来の疑問文のほかに,「〜しませんか」と誘《さそ》うときや,「〜してくれませんか」と頼《たの》むときにも使えます。

例 **Will you help me?**

(手伝ってくれませんか。)

寝る前にもう一度

☆ We're going to play tennis at the park.

☽ I'll call you tonight.

2. have to / must:「勉強しないといけません」

□ 月 日
□ 月 日

★今夜のお話

Mom: Uncle Chris is going to visit us
ママ 今週末にクリスおじさんが家に来るわよ。

this weekend. Are you going to
家にいる予定なの？

be at home?

Sarah: I have to study for a science
サラ サキと理科のテストの勉強をしなきゃいけないの。

test with Saki. Do I have
家にいなきゃいけない？

to stay home?

Mom: No, you don't have to, but
その必要はないわ。 でも，

we're going to have dinner together.
みんなでいっしょに夕食を食べるわよ。

You must be back by seven.
7時までには帰って来なければならないわよ。

Sarah: OK, I will.
わかった，そうする。

★今夜のおさらい

〈have to＋動詞の原形〉は「～しなければならない」という義務の意味を表します。主語が3人称《にんしょう》単数のときはhas toにします。否定文は「～する必要はない」という意味です。

例 **He doesn't have to clean his room.**

（彼は部屋をそうじする必要はありません。）

toのあとの動詞はいつも原形になるから注意してね。

〈must＋動詞の原形〉も「～しなければならない」という意味を表します。否定文の**must not** ～は「～してはいけない」という禁止の意味を表します。

例 **You must not open this box.**

（あなたはこの箱を開けてはいけません。）

don't have to～（不必要）とmust not ～（禁止）の意味の違《ちが》いがポイント！

寝る前にもう一度

I have to study for a science test with Saki.

You must be back by seven.

★今夜のお話

Ms. Oka: I'm going to see a movie with members of the tennis team tomorrow.

岡《おか》先生　私は明日，テニス部の部員たちと映画を見る予定です。

Would you like to join us, Tom?

私たちの仲間に入りませんか，トム？

Tom: I'd love to, Ms. Oka. But I have to ask my mother first.

トム　ぜひ行きたいです，岡先生。でも，まず母に聞かないといけません。

Ms. Oka: All right.

わかりました。

Could you call me this evening?

今晩，私に電話してもらえませんか？

★今夜のおさらい

Would you like to ～?は「～したいですか」「～しませんか」と**相手を誘《さそ》う表現**です。相手を誘う表現には，ほかに次のようなものがあります。

例 **Shall we play tennis?**

（テニスをしましょうか。）

Why don't we play tennis?

（テニスをしませんか。）

How about playing tennis?

（テニスをするのはどうですか。）

Could you ～?は「～していただけますか」という意味で，**Can you ～?よりもていねいに頼《たの》むときの表現**です。

○**Could you ～?への応答**

・**Sure. / All right. / Yes, of course.**（いいよ。）

・**Sorry, I can't.**（すみません，できません。）

友達には，Can you ～?でいいけど，先生や見知らぬ人にはCould you ～?を使おうね。

寝る前にもう一度

Would you like to join us, Tom?

Could you call me this evening?

★今夜のお話

My uncle likes taking pictures.
私のおじは写真を撮《と》るのが好きです。

He visits a lot of places around Japan
彼は写真を撮るために日本中のたくさんの場所を訪れます。

to take pictures.

Last summer, he went to Hokkaido.
この前の夏，彼は北海道に行きました。

He enjoyed walking around and taking
そこで歩き回ったり，たくさん写真を撮ったりして楽しみました。

a lot of pictures there. He wanted to
彼は私たちにそこの美しい自然の写真を

show some pictures of the beautiful
見せたがっていました。

nature there to us. I want to see them.
私はそれらを見たいです。

★今夜のおさらい

like ~ingは「~するのが好き」という意味です。この~ingは動名詞といい，「~すること」という意味を表します。

- **enjoy ~ing** ~するのを楽しむ
- **finish ~ing** ~し終わる
- **stop ~ing** ~するのをやめる
- **start / begin ~ing** ~し始める

うしろに動名詞が続く動詞をチェック！

〈to＋動詞の原形〉も「~すること」という意味を表します。**want** to ~は「~したい」という意味です。

- **hope to ~** ~することを望む
- **decide to ~** ~することに決める
- **start / begin to ~** ~し始める
- **like to ~** ~するのが好き

〈to ＋動詞の原形〉は，wantのほかにも左のような動詞と使われるよ。

寝る前にもう一度

My uncle likes taking pictures.

I want to see them.

5. 接続詞：「週末は雨だそうです」

□ 月 日
□ 月 日

★今夜のお話

Jun: I'm going to go on a picnic with my cousin on Saturday.
ジュン　土曜日にいとことピクニックに行くんだ。

Sarah: That sounds nice, but I hear it'll be rainy this weekend.
サラ　それは楽しそうね，でも　週末は雨だそうよ。

Jun: Oh, really? My cousin is really looking forward to it.
え，本当？　いとこがすごく楽しみにしているんだけどな。

Sarah: What are you going to do if it is rainy?
もし雨だったら何をするの？

Jun: I don't know.
わからないよ。

Do you have any good ideas?
何か良い考えはある？

★今夜のおさらい

✪ 接続詞のthatは，あとに文を続けます。I hear that ～. は「私は～だと聞いています」「～だそうです」という意味です。

○接続詞thatとよく使われる動詞

- think　～と思う
- know　～と知っている
- hope　～と願う
- say　～と言う

例 **Do you think that he likes music?**

（彼は音楽が好きだとあなたは思いますか。）

「～と（いうこと）」という意味の that はよく省略されるけど，省略しても意味は変わらないよ。

☽ 接続詞のifは「もし～なら」という意味です。ほかにも「～するとき」という意味を表す接続詞のwhenもよく使われます。

例 **I'll go out when he comes back.**

（彼が戻《もど》ってきたら，私は出かけます。）

if や when に続く文は，未来のことでも現在形にすることに注意！

寝る前にもう一度

✪ I hear (that) it'll be rainy this weekend.

☽ What are you going to do if it is rainy?

6. There is ~.:「学校の近くに図書館があります」

□ 月 日
□ 月 日

英語

★ 今夜のお話

Jun: ジュン
There is a library near our school.
ぼくたちの学校の近くに図書館があるよ。

Sarah: サラ
Are there any English books?
英語の本はある？

Jun:
Yes, there are. うん，あるよ。
There are some English books about Japanese culture. 日本文化についての英語の本が何冊かあるよ。
They also have CDs and comic books, too. CD やマンガもあるよ。

Sarah:
That's great.
すごい。
I'd like to go there.
そこに行きたいな。

★今夜のおさらい

☆ There is ～.や There are ～.は「～がある」という意味です。There is / are のあとの名詞が単数か複数かに合わせて，is と are を使い分けます。

例 There was a tall tree in front of my house.

（私の家の前に高い木がありました。）

過去の文では，There was / were ～. となるよ。

● There is / are ～.の疑問文は，be 動詞で文を始めます。否定文は be 動詞のあとに not を入れます。

例 There weren't any boys in this room.

（この部屋には男の子が１人もいませんでした。）

疑問文の答えの文でも，there を使うんだよ。

寝る前にもう一度

☆ There is a library near our school.

● Are there any English books? – Yes, there are.

7. look, become, give, show：「うれしそうですね」

□ 月　日
□ 月　日

★今夜のお話

Tom：Hi, Saki. You look happy.
トム　やあ，サキ。うれしそうだね。

What's up?
どうしたの？

Saki：Hi, Tom. My father gave me
サキ　こんにちは，トム。お父さんが誕生日にスマホをくれたの。

a smartphone for my birthday.

Tom：That's great.
すごい。

Can you show it to me?
それを見せてくれる？

Saki：Sure. Here you are.
いいわよ。はい，どうぞ。

Tom：It's nice. Can you
すてきだね。それで写真は撮《と》れるの？

take pictures with it?

Saki：Yes, I can.
うん，撮れるよ。

★今夜のおさらい

look はすぐあとに形容詞がくると，「～に見える」という意味になります。

○〈look＋形容詞〉と同じ形になる動詞

- **become** ～になる
- **get** ～になる
- **feel** ～に感じる
- **sound** ～に聞こえる

becomeはあとに名詞がくることもあります。

例 **My brother became a doctor.**
（私の兄［弟］は医者になりました。）

give A B の形で「AにBを与《あた》える」という意味を表します。showも同じ形で使うことができ，**show A B** で「AにBを見せる」という意味です。

Bの「もの」に当たるのがitなどの代名詞のときは，〈give［show］ it to 人〉の形になります。

例 **My father gave it to me.**
（父は私にそれをくれました。）

give や show のあとは①「人」→②「もの」という語順になるのがポイント！

寝る前にもう一度

You look happy.

My father gave me a smartphone for my birthday.

8. 比較《ひかく》①：「富士山より高い？」

□ 月 日
□ 月 日

★今夜のお話

Tom: That mountain is very high.
トム　あの山はとても高いね。

Is it higher than Mt. Fuji?
富士山より高いかな？

Saki: No, it isn't. Mt. Fuji is the highest mountain in Japan.
サキ　いいえ。富士山は日本でいちばん高い山なのよ。

It is also the most famous.
富士山はいちばん有名でもあるよ。

Tom: I want to see Mt. Fuji.
富士山を見てみたいな。

Saki: You can see it from the Shinkansen when you go to Kyoto next month.
来月，京都に行くときに，新幹線から見ることができるよ。

★今夜のおさらい

✪〈比較《ひかく》級+than …〉は2つのものを比べて「…より～」という意味を表します。比較級は形容詞や副詞の語尾《ごび》にerをつけて作りますが、前にmoreを置く語もあります。

例 **This book is more interesting than that one.** （この本はあの本よりもおもしろい。）

☽〈the+最上級+in / of …〉は3つ以上のものを比べて「…の中でいちばん～」という意味を表します。最上級は形容詞や副詞の語尾にestをつけて作りますが、前にmostを置く語もあります。

例 **This book is the most interesting of the three.**
（この本は3冊の中でいちばんおもしろい。）

in 場所,
of 複数のもの・人

○**more, most**を前に置く形容詞
- beautiful 美しい
- famous 有名な
- difficult 難しい
- important 大切な

寝る前にもう一度

✪ Is it higher than Mt. Fuji?

☽ Mt. Fuji is the highest mountain in Japan.

★今夜のお話

Jun: Soccer is as popular as baseball
ジュン　日本では，サッカーは野球と同じくらい人気があるんだ。

in Japan. Which do you like better,
きみはサッカーと野球では，どちらのほうが好き？

soccer or baseball?

Tom: I like baseball better than
トム　サッカーより野球のほうが好きだよ。

soccer, but I like basketball the
でも，すべてのスポーツの中でバスケットボールがいちばん好

best of all sports. How about you?
きだな。　きみはどう？

Jun: I like soccer the best.
ぼくはサッカーがいちばん好き。

I think it's the most exciting
すべてのスポーツの中でサッカーがいちばんわくわくすると思うよ。

of all sports.

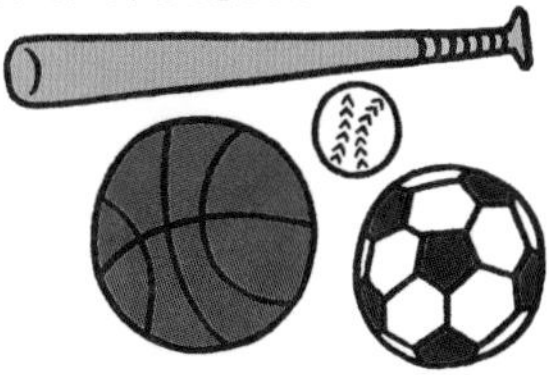

★今夜のおさらい

✪〈as ～ as …〉は２つのものを比べて「…と同じくらい～」という意味を表します。**as**と**as**の間の形容詞や副詞は，**er**や**est**がつかない形です。否定文の〈**not as ～ as …**〉は「…ほど～でない」という意味を表します。

例 **This book is not as interesting as that one.**

（この本はあの本ほどおもしろくありません。）

「…と同じくらい～でない」という意味ではないから注意してね。

☽ like A better than B は「**B**より**A**が好き」という意味を，like A the best of ／ in ～は「～の中で**A**がいちばん好き」という意味を表します。

What ○○ do you like the best?（あなたは何の○○がいちばん好きですか。）の○○に，sport（スポーツ），color（色）などを入れるといろいろなことがたずねられるよ。

寝る前にもう一度

✪ **Soccer is as popular as baseball in Japan.**

☽ **I like baseball better than soccer.**

★今夜のお話

Tom: I am impressed by this picture.
トム　ぼくはこの絵に感動しているよ。

Do you know this?
これ知ってる？

Saki: Yes, it's actually my favorite.
サキ　ええ，実はそれが私のお気に入りよ。

It was painted by Picasso.
それはピカソによって描《か》かれたの。

It's called "the Weeping Woman."
「泣く女」と呼ばれているわ。

Tom: When was it painted?
それはいつ描かれたの？

Saki: In 1937. He painted a lot of pictures like this.
1937年よ。　彼はこのような絵をたくさん描いたの。

★今夜のおさらい

「〜される」という受け身の文は〈be動詞＋過去分詞〉の形で表します。否定文はbe動詞のあとにnotを入れます。

例 **I'm not invited to the party.**

（私はパーティーに招待されていません。）

be動詞は主語に合わせて，am，is，areを使い分けるよ。

過去の受け身の文は〈was／were＋過去分詞〉の形で表します。

例 **This book was written by Natsume Soseki.**

（この本は夏目漱石《そうせき》によって書かれました。）

過去分詞は動詞が変化した形。不規則に変化するものもあるから１つ１つ覚えよう！

受け身の疑問文はbe動詞を主語の前に出します。

例 **Was this house built 100 years ago?**

（この家は100年前に建てられたのですか。）

寝る前にもう一度

- I am impressed by this picture.
- It was painted by Picasso.
- When was it painted? − In 1937.

11. 現在完了形の文:「ちょうど宿題が終わったところです」

□ 月 日
□ 月 日

★今夜のお話

Sarah : Hi, Saki. How long have you been in the library?

サラ　こんにちは，サキ。　いつから図書館にいるの？

Saki : Hi, Sarah. I've been here since 9 a.m.

サキ　こんにちは，サラ。　朝の９時からずっとここにいるよ。

I've just finished my homework.

ちょうど宿題が終わったところよ。

Sarah : Great! By the way, have you ever seen this movie?

すばらしい！　ところで，あなたは今までにこの映画を見たことがある？

Saki : No, but I've wanted to see it.

ないわ，でも見たいと思っているのよ。

Sarah : Why don't we see it tomorrow?

明日見るのはどう？

Saki : Sure!

いいわね！

★今夜のおさらい

〈have / has＋過去分詞〉は，「(ずっと)〜している」という継続《けいぞく》を表す言い方になります。

例 I have lived in this house for ten years.

（私は10年間この家に住んでいます。）

since 〜は「〜以来」という意味だよ。

〈have / has＋過去分詞〉は，「〜したところだ」「〜してしまった」という完了を表す言い方にもなります。already（もう）などの語をよく使います。

例 Have you finished lunch yet?

（あなたはもう昼食を食べ終えましたか。）

〈have / has＋過去分詞〉は，「〜したことがある」という経験を表す言い方にもなります。

例 I've never seen this movie.

（私はこの映画を1度も見たことがありません。）

「1度」なら once，「2度」なら twice と言うよ。

寝る前にもう一度

- How long have you been in the library?
- I've just finished my homework.
- Have you ever seen this movie?

★今夜おぼえること

単項式《たんこうしき》の加法・減法は、同《どう》類項《るいこう》をまとめる。

例

$7x-5y-3x+6y$

$=7x-3x-5y+6y$　← 項を並べかえて同類項を集める

$=(7-3)x+(-5+6)y$

$=4x+y$　← 同類項をまとめる

多項式《たこうしき》の加法・減法では、+(　)はそのまま、−(　)はかっこ内の各項の符号《ふごう》を変えてかっこをはずす。

例

$2a+(3a-4b)=2a+3a-4b$　← そのままかっこをはずす

$=5a-4b$

$4x-(3x-5y)=4x-3x+5y$　← 各項の符号を変えてかっこをはずす

$=x+5y$

★今夜のおさらい

文字の部分が同じである項《こう》を**同類項**といいます。単項式の加法・減法は，同類項をまとめるのが基本です。係数どうしを計算して，共通の文字をつけます。

例　$x^2+4x-6x+5x^2$

$=x^2+5x^2+4x-6x$　（項を並べかえて同類項を集める）

$=(1+5)x^2+(4-6)x$

$=6x^2-2x$　（同類項をまとめる）

かけ合わされた文字の個数を次数《じすう》というよ。
x^2 の次数は 2，x の次数は 1 だね。
次数がちがえば同類項ではないから注意！

多項式の加法・減法では，+(　) はそのまま，−(　) はかっこ内の各項の符号《ふごう》を変えてかっこをはずしてから計算します。

例　$(4x+2y)-(2x+7y)$

$=4x+2y-2x-7y$　（各項の符号を変えてかっこをはずす）

$=2x-5y$　（同類項をまとめる）

寝る前にもう一度

- 単項式の加法・減法は，同類項をまとめる。
- 多項式の加法・減法では，+(　) はそのまま，−(　) はかっこ内の各項の符号を変えてかっこをはずす。

★今夜おぼえること

(数)×(多《た》項《こう》式《しき》)は，数を多項式のすべての項にかける。(多項式)÷(数)は，わる数の逆数をかける。

例　$2(4x+3y)=2\times 4x+2\times 3y=8x+6y$

分配法則を利用

$(6a-8b)\div 2=(6a-8b)\times\frac{1}{2}=6a\times\frac{1}{2}-8b\times\frac{1}{2}$

$=3a-4b$

逆数をかける

単項式の乗法は，係数の積に文字の積をかけ，除法は，逆数をかける形になおす。

例　$-8xy\div 2x=-8xy\times\frac{1}{2x}=-\frac{8xy}{2x}=-4y$

逆数をかける　分数の形にして約分

★今夜のおさらい

(数)×(多項式《たこうしき》)は，分配法則を使って，数を多項式のすべての項にかけます。

(多項式)÷(数)は，わる数の逆数をかけて計算します。

例 $5(3a-4b)=5\times 3a+5\times(-4b)$ ← 5をかっこ内の各項にかける

$=15a-20b$

$(4x+6y)\div\frac{2}{3}=(4x+6y)\times\frac{3}{2}=4x\times\frac{3}{2}+6y\times\frac{3}{2}$

逆数をかける　$=6x+9y$

単項式の乗法は，係数の積に文字の積をかけます。単項式の除法は，逆数をかける形になおして計算します。

例 $5a\times(-3b)=5\times(-3)\times a\times b=-15ab$

係数の積　文字の積

$\frac{4}{3}xy\div\frac{2}{9}y=\frac{4xy}{3}\div\frac{2y}{9}=\frac{4xy}{3}\times\frac{9}{2y}=\frac{\overset{2}{\cancel{4}}\overset{1}{\cancel{xy}}\times\overset{3}{\cancel{9}}}{\underset{1}{\cancel{3}}\times\underset{1}{\cancel{2}}\underset{1}{\cancel{y}}}=6x$

×逆数　約分

寝る前にもう一度

- (数)×(多項式)は，数を多項式のすべての項にかける。
  (多項式)÷(数)は，わる数の逆数をかける。
- 単項式の乗法は，係数の積に文字の積をかけ，除法は，逆数をかける形になおす。

★今夜おぼえること

加減法《かげんほう》▶1つの文字の係数をそろえ，2つの式をたしたりひいたりして，1つの文字を消去《しょうきょ》する。

例
$$\begin{cases} 2x+y=1 & \cdots ① \\ 3x-y=9 & \cdots ② \end{cases} \Rightarrow \begin{array}{rr} & 2x+y=1 \\ +) & 3x-y=9 \\ \hline \end{array}$$

①＋②で y を消去して，$5x=10$，$x=2$

$x=2$ を①に代入して，$2\times2+y=1$，$y=-3$

代入法《だいにゅうほう》▶$x=$～または $y=$～の形の式を他方の式に代入し，1つの文字を消去する。

例
$$\begin{cases} y=x+2 & \cdots ① \\ 2x+y=8 & \cdots ② \end{cases}$$

①を②に代入して，

$2x+(x+2)=8$，$3x=6$，$x=2$

$x=2$ を①に代入して，$y=2+2$，$y=4$

★今夜のおさらい

連立方程式《れんりつほうていしき》を**加減法**で解くには，1つの文字の係数をそろえ，左辺どうし，右辺どうしを加減して，1つの文字を消去します。

例 $\begin{cases} x+2y=7 & \cdots① \\ 2x+3y=12 & \cdots② \end{cases}$ ➡ $\begin{array}{rl} 2x+4y=14 & \cdots①\times2 \\ -)\ 2x+3y=12 & \cdots② \\ \hline y=2 & \end{array}$

$①\times2-②$で x を消去して，　$y=2$

$y=2$ を①に代入して，$x+2\times2=7$，$x=3$

連立方程式を**代入法**で解くには，$x=$～または $y=$～の形の式を他方の式に代入し，1つの文字を消去します。

例 $\begin{cases} y-x=1 & \cdots① \\ 2x-y=3 & \cdots② \end{cases}$　　①より，$y=x+1$　…③

まず $y=$～の形に変形

③を②に代入して，$2x-(x+1)=3$，$x=4$

$x=4$ を③に代入して，$y=4+1$，$y=5$

$x+1$を代入するときは，
かっこをつけようね。

寝る前にもう一度

- 加減法▶1つの文字の係数をそろえ，2つの式をたしたりひいたりして，1つの文字を消去する。
- 代入法▶$x=$～または $y=$～の形の式を他方の式に代入し，1つの文字を消去する。

4. 連立方程式：いろいろな連立方程式

□ 月 日
□ 月 日

★今夜おぼえること

☆ かっこがある連立方程式は、分配法則で、かっこをはずしてから解く。

例
$$\begin{cases} x+6y=15 & \cdots① \\ 2(x-y)+5y=12 & \cdots② \end{cases}$$

②のかっこをはずして整理すると，$2x+3y=12$ …③

①，③を連立方程式として解くと，$x=3$，$y=2$

☾ 係数に小数・分数をふくむ場合は、両辺を何倍かして、係数を整数にしてから解く。

例
$$\begin{cases} 0.2x+0.5y=0.9 & \cdots① \\ \dfrac{2}{3}x-\dfrac{1}{2}y=\dfrac{5}{6} & \cdots② \end{cases}$$

①×10
②×6 より，
$$\begin{cases} 2x+5y=9 \\ 4x-3y=5 \end{cases}$$
これを解くと，$x=2$，$y=1$

（6 ↑ 分母の最小公倍数）

★今夜のおさらい

かっこがある連立方程式は，分配法則を利用して，かっこをはずし，式を $ax + by = c$ の形に整理してから解きます。

例 $\begin{cases} 3x - 2(x - y) = 7 & \cdots① \\ 2(3x + y) - y = -2 & \cdots② \end{cases}$

かっこをはずして整理すると，$\begin{cases} x + 2y = 7 \\ 6x + y = -2 \end{cases}$　これを解くと，$x = -1$，$y = 4$

係数に小数をふくむ場合は両辺に10，100，…をかけ，係数に分数をふくむ場合は両辺に分母の最小公倍数をかけて，係数を整数にしてから解きます。

例 $\begin{cases} 0.03x + 0.05y = 0.15 & \cdots① \\ \frac{1}{10}x + \frac{1}{3}y = -1 & \cdots② \end{cases}$

①×100，②×30 より，$\begin{cases} 3x + 5y = 15 \\ 3x + 10y = -30 \end{cases}$　これを解くと，$x = 20$，$y = -9$

寝る前にもう一度

- かっこがある連立方程式は，分配法則で，かっこをはずしてから解く。
- 係数に小数・分数をふくむ場合は，両辺を何倍かして，係数を整数にしてから解く。

★今夜おぼえること

✪ y が x の関数で，一般《いっぱん》に次の式で表されるとき，y は x の1《いち》次《じ》関数《かんすう》であるという。

$$y = ax + b$$ （a, b は定数, $a \neq 0$）

ax：x に比例する部分　b：定数の部分

例　次の式で，y は x の1次関数である。

$y = -2x + 3$ ← $a = -2$, $b = 3$ の場合

$y = 5x$ ← $a = 5$, $b = 0$ の場合

☽ $y = ax + b$ の変化の割合は一定で，x の係数 a に等しい。

$$\text{変化の割合} = \frac{y\text{の増加量}}{x\text{の増加量}} = a$$

★今夜のおさらい

y が x の関数で，y が x の **1次式** で表されるとき，y は x の **1次関数** であるといいます。

1次関数は，一般《いっぱん》に次の式で表されます。

$$y = ax + b$$ （a，b は定数，$a \neq 0$）

ax … x に比例する部分　　b … 定数の部分

例　$2x - 3y = 3$ ➡ 変形すると，$y = \frac{2}{3}x - 1$

　$y = ax + b$ の形の式で表されるから，y は x の1次関数である。

$y = ax + b$ の変化の割合は **一定** で，x の **係数 a** に等しいです。

$$\text{変化の割合} = \frac{y\text{の増加量}}{x\text{の増加量}} = a$$

例　1次関数 $y = 2x + 3$ で，x が2から6まで増加したときの変化の割合は，$x = 2$ のとき $y = 7$，$x = 6$ のとき $y = 15$

だから，$\frac{15 - 7}{6 - 2} = \frac{8}{4} = 2$ ← x の係数に等しい

寝る前にもう一度

- y が x の関数で，一般に次の式で表されるとき，y は x の1次関数であるという。

  $y = ax + b$　（a，b は定数，$a \neq 0$）

- $y = ax + b$ の変化の割合は一定で，x の係数 a に等しい。

★今夜おぼえること

$y = ax + b$ のグラフは，$y = ax$ のグラフを，y 軸《じく》の正の方向に b だけ平行移動させた直線。

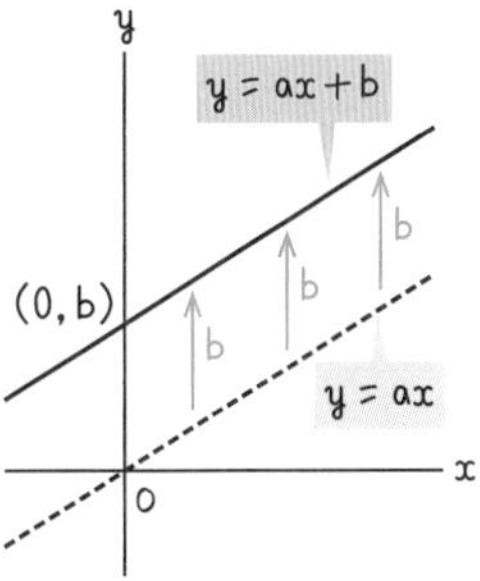

例　1次関数 $y = 2x + 3$ のグラフは，$y = 2x$ のグラフを y 軸の正の方向に3だけ平行移動させた直線である。

$y = ax + b$ のグラフは，傾《かたむ》きが a，切片《せっぺん》が b の直線。

傾き▶ x が1だけ増加したときの y の増加量

切片▶グラフが y 軸と交わる点の y 座標

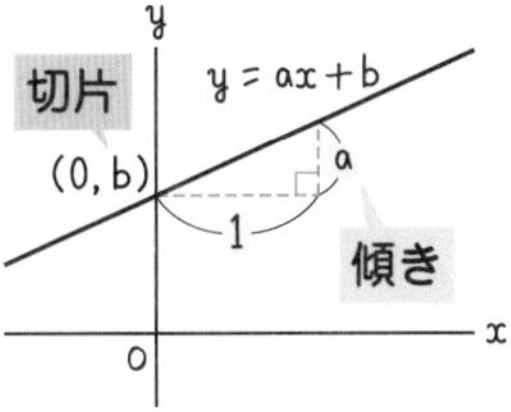

★今夜のおさらい

1次関数 $y=ax+b$ のグラフは，$y=ax$ のグラフを，y 軸《じく》の正の方向に b だけ平行移動させた直線です。

例　$y=3x-2$ のグラフ ➡ $y=3x$ のグラフを y 軸の正の方向に -2 だけ平行移動 ➡ いいかえると，$y=3x$ のグラフを y 軸の負の方向に 2 だけ平行移動

1次関数 $y=ax+b$ のグラフは，傾《かたむ》きが a，切片が b の直線です。

傾きというのは，x が 1 だけ増加したときの y の増加量のことで，切片というのは，グラフが y 軸と交わる点の y 座標のことです。

1次関数の増減とグラフの関係は，次の図のようになります。

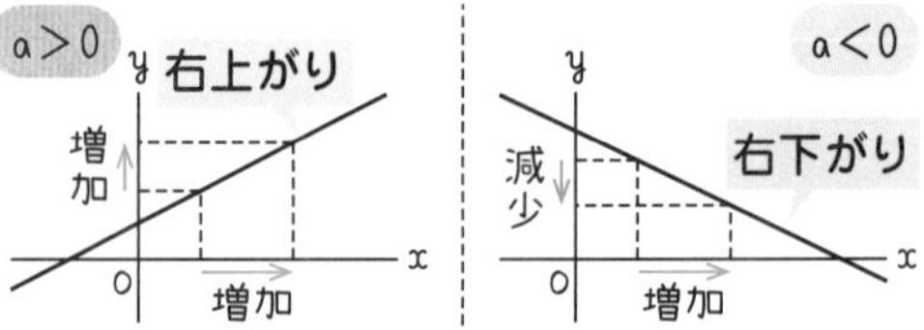

寝る前にもう一度

- $y=ax+b$ のグラフは，$y=ax$ のグラフを，y 軸の正の方向に b だけ平行移動させた直線。
- $y=ax+b$ のグラフは，傾きが a，切片が b の直線。

7. 図形の調べ方：平行線と角

□　　月　　日
□　　月　　日

★ 今夜おぼえること

2直線が交わっているとき，対頂角《たいちょうかく》は等しい。

例　向かい合った角を対頂角というから，右の図で，対頂角は，$\angle a$ と $\angle c$，$\angle b$ と $\angle d$

よって，$\angle a = \angle c$，$\angle b = \angle d$

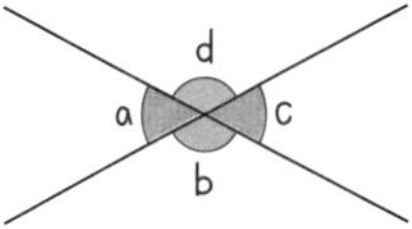

平行な2直線に1つの直線が交わるとき，同位角《どういかく》，錯《さっ》角《かく》は等しい。

例　右の図で，$\ell /\!/ m$ ならば，

$\angle a = \angle c$，$\angle b = \angle c$

↑同位角　　↑錯角

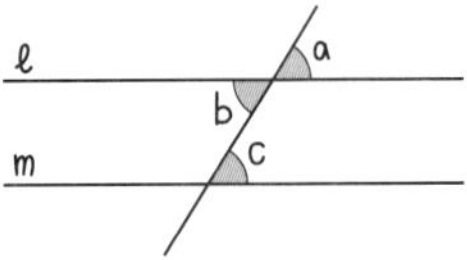

逆に，同位角や錯角が等しければ，2直線は平行だよ。

★今夜のおさらい

2直線が交わってできる角のうち，向かい合った角を対頂角といいます。

対頂角は等しいです。

例　右の図で，対頂角は等しいから，

$\angle a = 40^\circ$，$\angle b = 60^\circ$

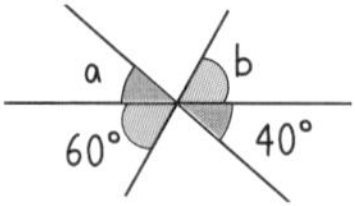

右の図で，∠aと∠eのような位置にある角を同位角，∠bと∠hのような位置にある角を錯角《さっかく》といいます。

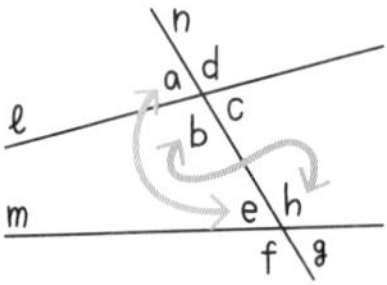

平行な2直線に1つの直線が交わるとき，同位角，錯角は等しいです。

例　右の図で，ℓ//m ならば，

$\angle a = 50^\circ$，$\angle b = 50^\circ$

↑同位角　↑錯角

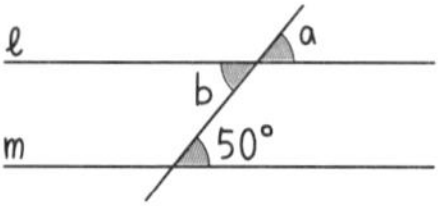

また，同位角や錯角が等しいとき，2直線は平行です。

寝る前にもう一度

- 2直線が交わっているとき，対頂角は等しい。
- 平行な2直線に1つの直線が交わるとき，同位角，錯角は等しい。

8. 図形の調べ方：多角形の角

□　月　日
□　月　日

★今夜おぼえること

✪ n 角形の内角《ないかく》の和は、$180^\circ \times (n-2)$。

多角形の外角《がいかく》の和は、360°。

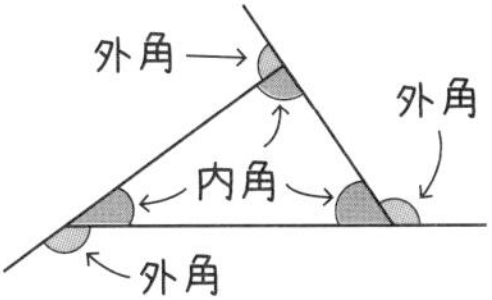

例　三角形の内角の和は、
$180^\circ \times (3-2) = 180^\circ$
六角形の内角の和は、
$180^\circ \times (6-2) = 720^\circ$

例　正三角形の外角の和は360°だから，1つの外角の大きさは，$360^\circ \div 3 = 120^\circ$

☽ 三角形の外角は、それととなり合わない2つの内角の和に等しい。

角の大きさを求めるときに，
よく使われるよ。

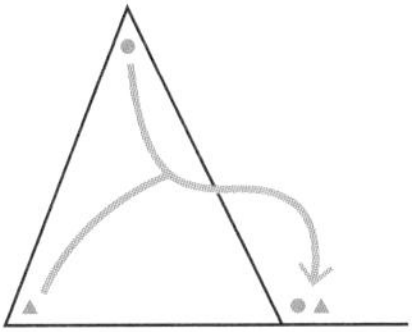

★今夜のおさらい

🌟三角形の内角の和は 180°，n 角形の内角の和は，$180° \times (n-2)$ です。

例　八角形の内角の和は，

$180° \times (8-2) = 180° \times 6 = 1080°$

また，多角形の外角の和は，360° です。

例　正十二角形の 1 つの外角の大きさは，

$360° \div 12 = 30°$

↑多角形の外角の和

正十二角形の外角

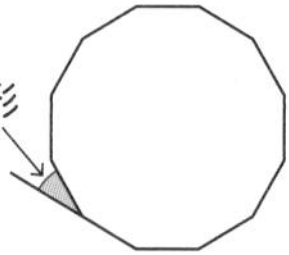

🌙三角形の外角は，それととなり合わない 2 つの内角の和に等しいです。

例　右の図で，$\angle x = \angle A + \angle C$

だから，

$\angle x = 80° + 60°$

$= 140°$

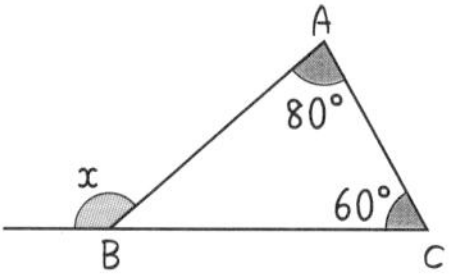

また，0°より大きく 90° より小さい角を鋭角《えいかく》，90° より大きく180°より小さい角を鈍角《どんかく》といいます。

寝る前にもう一度

🌟n 角形の内角の和は，$180° \times (n-2)$。
多角形の外角の和は，360°。

🌙三角形の外角は，それととなり合わない 2 つの内角の和に等しい。

★今夜おぼえること

三角形の合同条件

① 3組の辺がそれぞれ等しい。

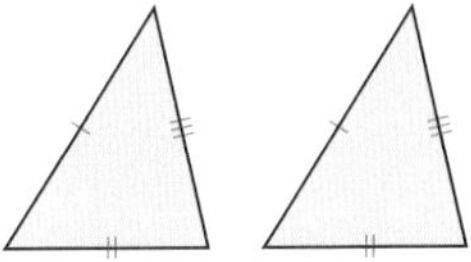

② 2組の辺とその間の角がそれぞれ等しい。

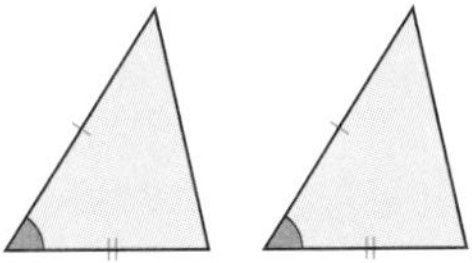

③ 1組の辺とその両端《りょうたん》の角がそれぞれ等しい。

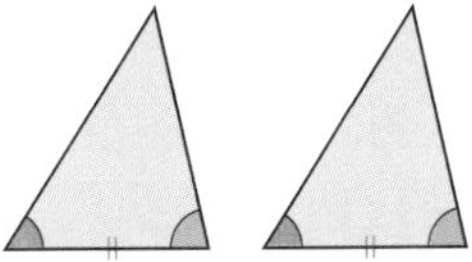

2つの三角形は，上の①～③のどれかが成り立てば，合同である。

★今夜のおさらい

2つの三角形は，次の①～③のどれかが成り立てば，合同です。

① 3組の辺がそれぞれ等しい。

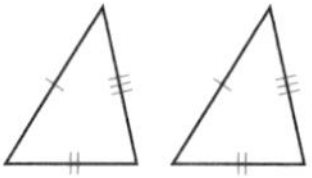

② 2組の辺とその間の角がそれぞれ等しい。

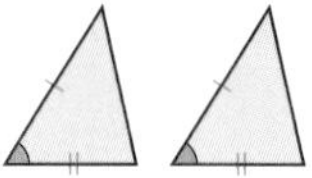

③ 1組の辺とその両端《りょうたん》の角がそれぞれ等しい。

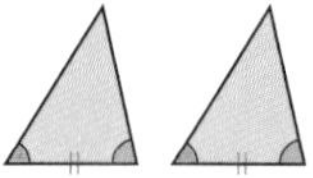

また，2つの直角三角形は，次の①，②のどちらかが成り立てば，合同です。

①斜辺《しゃへん》と1つの鋭角《えいかく》がそれぞれ等しい。

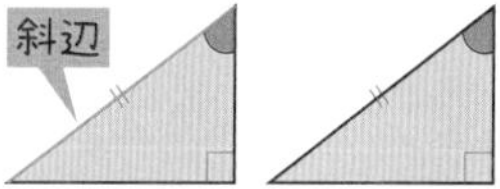

②斜辺と他の1辺がそれぞれ等しい。

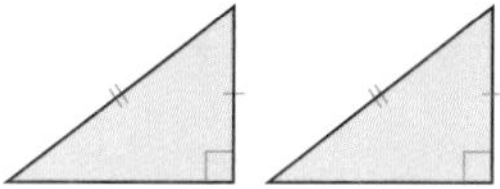

寝る前にもう一度

2つの三角形は，次のどれかが等しければ，合同である。

①3組の辺　②2組の辺とその間の角

③1組の辺とその両端の角

★今夜おぼえること

2 辺が等しい三角形を二等辺三角形という。（定義《ていぎ》）

二等辺三角形の性質（定理《ていり》）

①2つの底角《ていかく》は等しい。

例　右の図で，$\angle B = \angle C$

②頂角《ちょうかく》の二等分線は，底辺《ていへん》を垂直に2等分する。

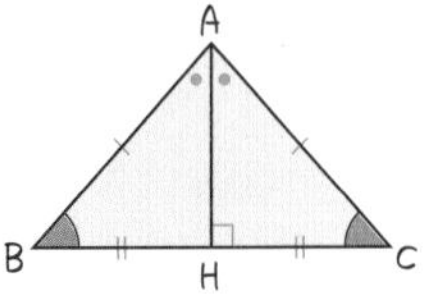
A
B
H
C

例　右の図で，AH が頂角 A の二等分線のとき，

$AH \perp BC$，$BH = CH$

3 辺が等しい三角形を正三角形という。（定義）

正三角形の性質（定理）▶ 3つの角は等しい。

例　右の図で，$\angle A = \angle B = \angle C = 60°$

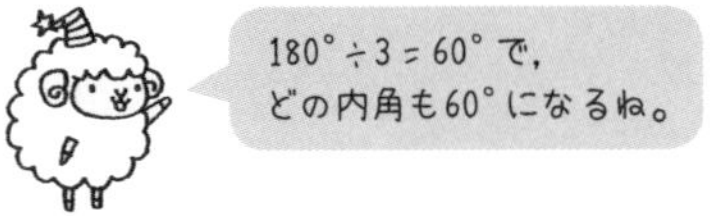
180°÷3＝60°で，
どの内角も60°になるね。

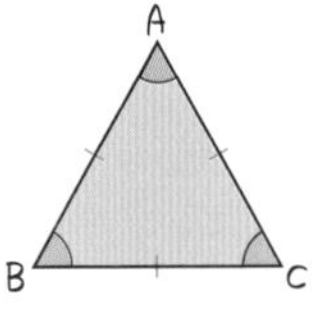
A
B
C

数学

★今夜のおさらい

2辺が等しい三角形を二等辺三角形といい，次の性質があります。

① 2つの底角は等しい。

例　右の図で，AB = AC ならば，

∠B = ∠C

② 頂角の二等分線は，底辺を垂直に2等分する。

例　右の図で，AB = AC，∠BAH = ∠CAH ならば，

AH ⊥ BC，BH = CH

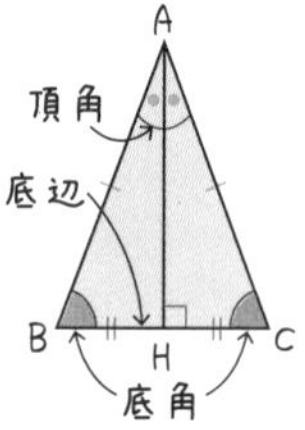

3辺が等しい三角形を正三角形といい，次の性質があります。

● 正三角形の3つの角は等しい。

例　右の図で，AB = BC = CA ならば，

∠A = ∠B = ∠C = 60°

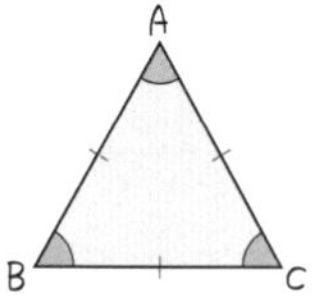

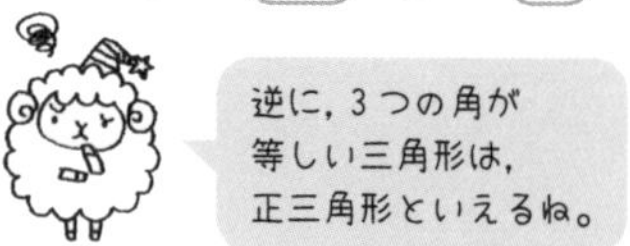

寝る前にもう一度

- 2辺が等しい三角形を二等辺三角形という。（定義）
- 3辺が等しい三角形を正三角形という。（定義）

11．図形の性質：平行四辺形

□ 月 日
□ 月 日

★今夜おぼえること

2組の対辺《たいへん》が平行な四角形を平行四辺形という。（定義）

平行四辺形の性質（定理）

①2組の対辺はそれぞれ等しい。

例　右の平行四辺形で，

AB＝DC，AD＝BC

②2組の対角《たいかく》はそれぞれ等しい。

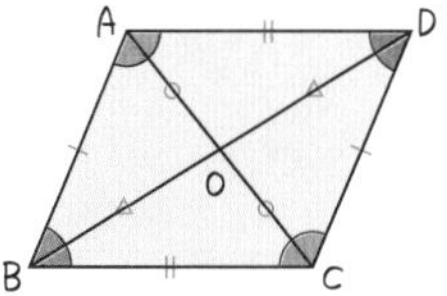

例　右の平行四辺形で，∠A＝∠C，∠B＝∠D

③対角線はそれぞれの中点で交わる。

例　右の平行四辺形で，OA＝OC，OB＝OD

平行四辺形のうち，4つの角が等しければ長方形，4つの辺が等しければひし形，4つの角が等しく，4つの辺が等しければ正方形。

★今夜のおさらい

✪ 2 組の 対辺 が 平行 な四角形を**平行四辺形**といい，次の性質があります。

① 2 組の 対辺 はそれぞれ等しい。

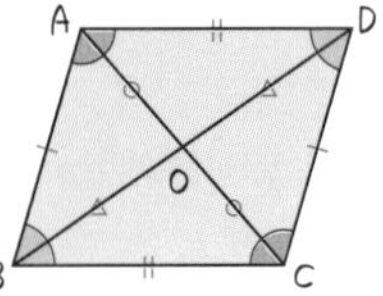

例　右の平行四辺形で，

AB = DC ，AD = BC

② 2 組の 対角 はそれぞれ等しい。

例　右の平行四辺形で，∠A = ∠C ，∠B = ∠D

③ 対角線はそれぞれの 中点 で交わる。

例　右の平行四辺形で，OA = OC ，OB = OD

◐ 次の四角形は，平行四辺形の特別な場合です。

長方形 ▶ 4 つの 角 が等しい四角形

ひし形 ▶ 4 つの 辺 が等しい四角形

正方形 ▶ 4 つの角が等しく，4 つの 辺 が等しい四角形

寝る前にもう一度

✪ 2 組の対辺が平行な四角形を平行四辺形という。（定義）

◐ 平行四辺形のうち，4 つの角が等しければ長方形，4 つの辺が等しければひし形，4 つの角が等しく，4 つの辺が等しければ正方形。

★今夜おぼえること

✪ n通りのうち，Aが起こる場合はa通り ➡ その確率は $\frac{a}{n}$

例　1つのさいころを投げるとき，目の出方は全部で，1～6の6通り。

偶数《ぐうすう》の目の出方は2，4，6の3通り。

➡ 偶数の目の出る確率は，$\frac{3}{6}=\frac{1}{2}$

☽ (Aの起こらない確率) ＝1－(Aの起こる確率)

例　1つのさいころを投げるとき，3の目が出る確率は，1～6の6通りのうちの1通りだから，$\frac{1}{6}$

➡ 3の目が出ない確率は，

$1-\frac{1}{6}=\frac{5}{6}$

確率pの値の範囲《はんい》は，0≦p≦1

★今夜のおさらい

起こる場合が全部で**n通り**あり，どの場合が起こることも**同様に確からしい**とします。そのうち，ことがらAの起こる場合が**a通り**あるとき，Aの起こる確率pは，

$$p = \frac{a}{n}$$

どの場合が起こることも同じ程度であると期待できるとき，同様に確からしいというよ。

例　A，Bの硬貨《こうか》を同時に投げるとき，表や裏の出方は，右の図のようになり，全部で4通り。そのうち，2枚とも裏の場合は1通りだから，

その確率は，$\frac{1}{4}$

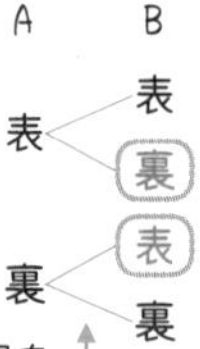

このような図を**樹形図**《じゅけいず》という。

Aの起こる確率がpのとき，Aの起こらない確率は，**1−p**で求められます。

例　あるくじを1本引くとき，当たる確率が$\frac{3}{10}$ならば，

はずれる確率は，$1-\frac{3}{10}=\frac{7}{10}$

寝る前にもう一度

- n通りのうち，Aが起こる場合はa通り➡その確率は$\frac{a}{n}$
- （Aの起こらない確率）＝1−（Aの起こる確率）

数学

★ 今夜おぼえること

☆ データを小さい順に並べて4等分した区切りの値が四分位数《しぶんいすう》。

例　11人の生徒のテストの得点の四分位数

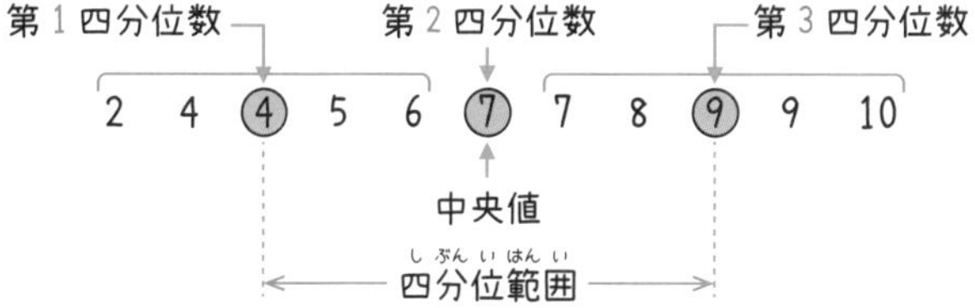
第1四分位数
第2四分位数
第3四分位数
2 4 4 5 6 7 7 8 9 9 10
中央値
四分位範囲《しぶんいはんい》

四分位範囲＝第3四分位数－第1四分位数＝9－4＝5(点)

☾ 四分位数などを箱とひげで表した図が箱《はこ》ひげ図《ず》。

例　上の例を箱ひげ図で表すと，次のようになる。

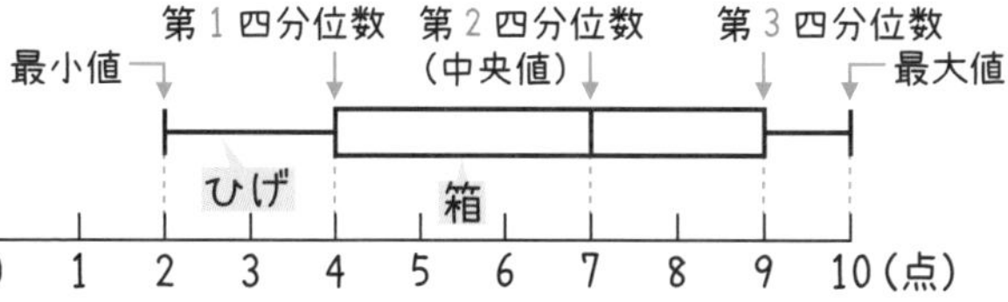
第1四分位数
第2四分位数
(中央値)
第3四分位数
最小値
最大値
ひげ
箱
0 1 2 3 4 5 6 7 8 9 10(点)

★今夜のおさらい

🌟データを小さい順に並べて**4等分**したときの、3つの区切りの値を**四分位数**といい、小さいほうから順に**第1四分位数**、**第2四分位数**、**第3四分位数**といいます。

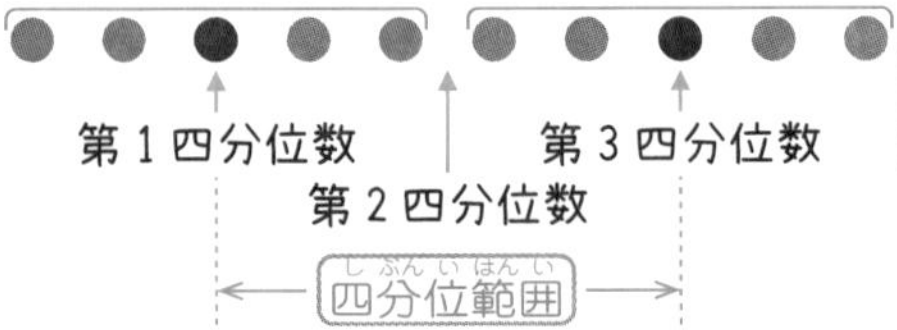

第1四分位数
第3四分位数
第2四分位数
四分位範囲《しぶんいはんい》

四分位範囲＝第3四分位数－第1四分位数

第2四分位数は、中央値のことだね。

🌙四分位数を、最小値、**最大値**とともに表した下のような図を**箱ひげ図**といいます。

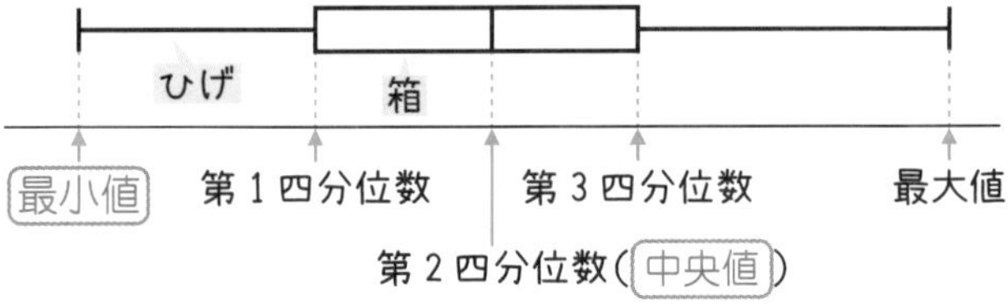

ひげ
箱
最小値
第1四分位数
第3四分位数
最大値
第2四分位数（中央値）

寝る前にもう一度

- 🌟データを小さい順に並べて4等分した区切りの値が四分位数。
- 🌙四分位数などを箱とひげで表した図が箱ひげ図。

1．化学：原子・分子

□ 月 日
□ 月 日

★今夜おぼえること

原子《げんし》は最小の粒《つぶ》。分子《ぶんし》は原子がくっついたもの。

原子の性質

①分けることができない。
②ほかの原子に変わらない。
③なくならない。
④新しくできない。
⑤種類によって，質量・大きさが決まっている。

1種類の元素は単体《たんたい》。2種類以上の元素は化合物《かごうぶつ》。

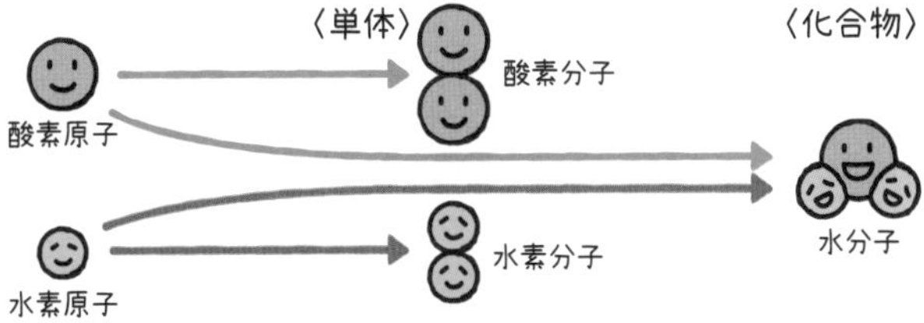

〈単体〉
〈化合物〉
酸素原子
酸素分子
水分子
水素原子
水素分子

理科

★今夜のおさらい

✪原子の種類を元素といい，物質の成り立ちを元素記号を使って表したものが（化学式）です。

元素記号

水素	H	硫《い》黄《おう》	S	鉄	Fe
炭素	C	アルミニウム	Al	銅	Cu
窒《ちっ》素《そ》	N	ナトリウム	Na	銀	Ag
酸素	O	マグネシウム	Mg	亜《あ》鉛《えん》	Zn

化学式　H_2（水素），O_2（酸素），
H_2O（水），CO_2（二酸化炭素）

☾水素，酸素は（単体），水は（化合物）です。

	分子をつくる物質	分子をつくらない物質
単体	水素（H_2）　酸素（O_2）	銅（Cu）　鉄（Fe）
化合物	水（H_2O） 二酸化炭素（CO_2）	酸化銅（CuO） 酸化銀（Ag_2O） 塩化ナトリウム（NaCl）

寝る前にもう一度

✪原子は最小の粒。分子は原子がくっついたもの。

☾1種類の元素は単体。2種類以上の元素は化合物。

★今夜おぼえること

分かれる化学変化《かがくへんか》は分解《ぶんかい》。

加熱
炭酸水素ナトリウム
炭酸ナトリウム
水
二酸化炭素
二酸化炭素は，石灰水を白くにごらせるよ。

水に電流を流すと，水素と酸素が発生。

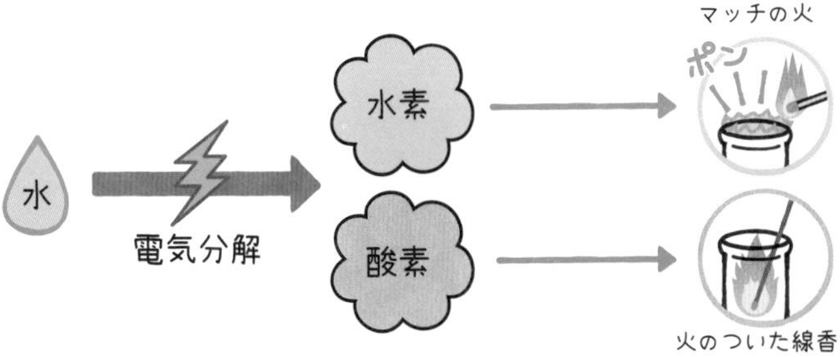
水
電気分解
水素
酸素
マッチの火
ポン
火のついた線香

★今夜のおさらい

化学変化によって分解した物質は，もとの物質とはちがう別の物質になります。

炭酸水素ナトリウムの分解

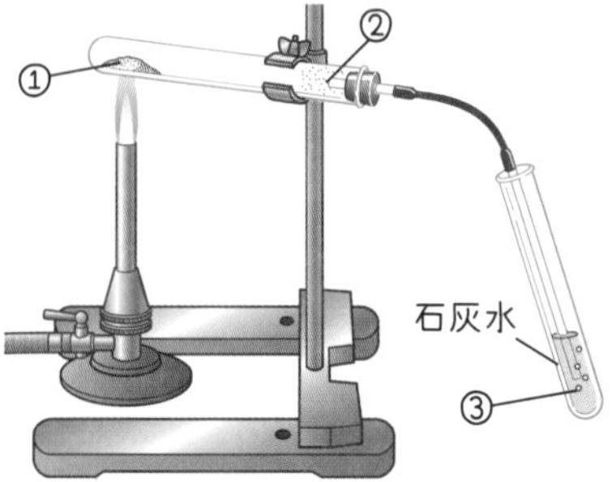

〈実験の結果〉

①反応後に残った白い粉末→炭酸ナトリウム

②塩化コバルト紙が赤変→水（水蒸気）

③気体が発生し，石灰水が白くにごる→二酸化炭素

水の電気分解では，陰極《いんきょく》に水素が，陽極《ようきょく》に酸素が発生します。

●発生した気体の確認

→水素…試験管に火を近づけると，ポンと音をたてて燃える。

→酸素…試験管に火のついた線香を入れると，炎《ほのお》を上げて燃える。

水素と酸素は，2：1の体積の比で発生するよ。

寝る前にもう一度

- 分かれる化学変化は分解。
- 水に電流を流すと，水素と酸素が発生。

3. 化学：物質の化学変化と化学反応式

□ 月 日
□ 月 日

★今夜おぼえること

物質が結びつく化合物《かごうぶつ》。

物質A ＋ 物質B ＋ … → 物質C（化合物）

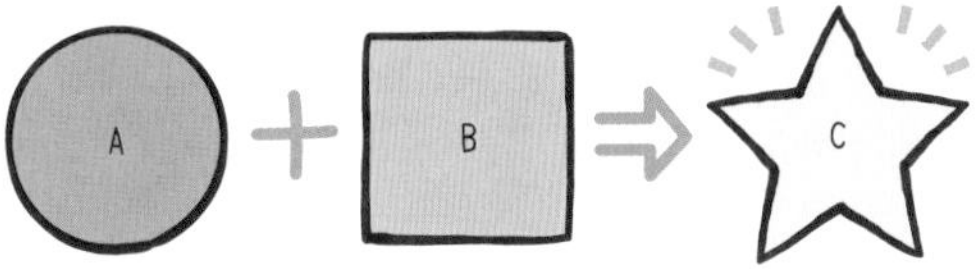
A
B
C

物質Cは，物質Aと物質Bが結びつく前とは性質がちがう物質になるよ。

鉄粉《てっぷん》と硫黄《いおう》で硫化鉄《りゅうかてつ》。

鉄 ＋ 硫黄 → 硫化鉄（鉄と硫黄の化合物）
Fe　　S　　　FeS

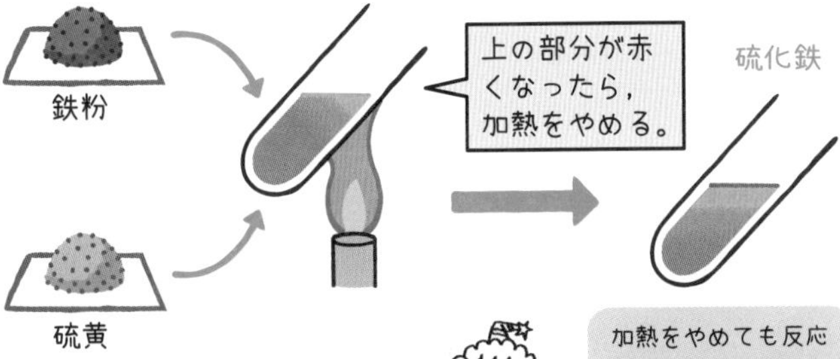
鉄粉
硫黄
上の部分が赤くなったら，加熱をやめる。
硫化鉄

加熱をやめても反応が進むのは，反応によって発熱するためだよ。

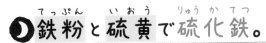

★今夜のおさらい

化学式《かがくしき》を用いて，物質の化学変化《かがくへんか》を表した式を**化学反応式《かがくはんのうしき》**といいます。

●いろいろな化学反応式

鉄と硫黄の化学反応：

鉄＋硫黄→硫化鉄　▶　$Fe + S \rightarrow FeS$

炭素と酸素の化学反応：

炭素＋酸素→二酸化炭素　▶　$C + O_2 \rightarrow CO_2$

水素と酸素の化学反応：

水素＋酸素→水　▶　$2H_2 + O_2 \rightarrow 2H_2O$

化学反応前の鉄粉・硫黄と，化学反応後の物質（硫化鉄）の性質

	色	磁石につくか	電流が流れるか	うすい塩酸との反応
鉄	銀白色	つく	流れる	水素が発生
硫　黄	黄　色	つかない	流れない	反応しない
硫化鉄	黒　色	つかない	流れない	硫化水素が発生

寝る前にもう一度

物質が結びつく化合物。

鉄粉と硫黄で硫化鉄。

4．化学：酸化・燃焼，還元

□ 月 日
□ 月 日

★今夜おぼえること

酸素とくっつくと酸化《さんか》。

物質A＋酸素（O_2）→物質B（酸化物）

鉄（スチールウール）の燃焼

鉄 ＋ 酸素 ——→ 酸化鉄

酸素と結びついた分，重くなるよ。

マグネシウムの燃焼

マグネシウム ＋ 酸素 ——→ 酸化マグネシウム

酸素がとられると還元《かんげん》。

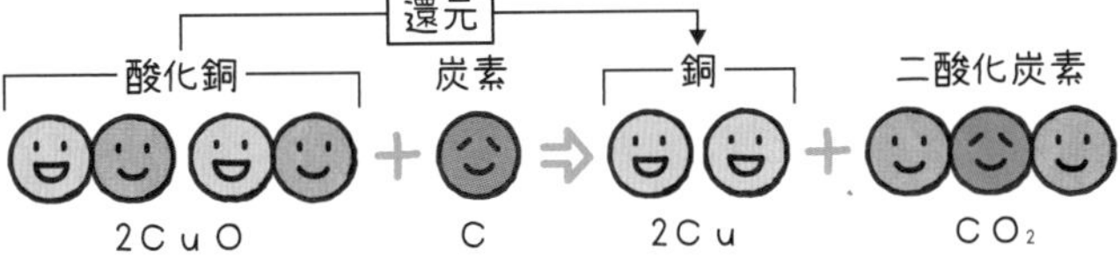
還元
酸化銅
炭素
銅
二酸化炭素
2CuO
C
2Cu
CO₂

★今夜のおさらい

鉄を加熱すると、熱や光を出して酸素と結びついて（酸化）、酸化鉄になります。
また、木が燃えるときのように、熱や光を出す激しい酸化のことを燃焼《ねんしょう》といいます。

● いろいろな酸化・燃焼

鉄の燃焼：鉄＋酸素→酸化鉄

銅の酸化：銅（2Ｃｕ）＋酸素（O_2）→酸化銅（2ＣｕＯ）

炭素の燃焼：炭素（Ｃ）＋酸素（O_2）→二酸化炭素（CO_2）

酸化銅と炭素の粉末を混ぜて加熱すると、酸化銅は還元されて銅になります。この化《か》学《がく》変《へん》化《か》の中で、酸化銅は還元され、炭素は酸化されています。このように、還元と酸化は同時に起こります。

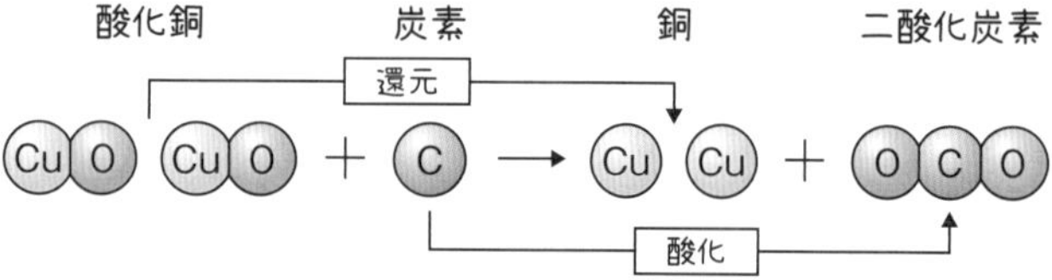

$$2CuO \ + \ C \ \rightarrow \ 2Cu \ + \ CO_2$$

寝る前にもう一度

- 酸素とくっつくと酸化。
- 酸素がとられると還元。

★今夜おぼえること

化《か》学《がく》変《へん》化《か》の前後で全体の質量は変わらない。

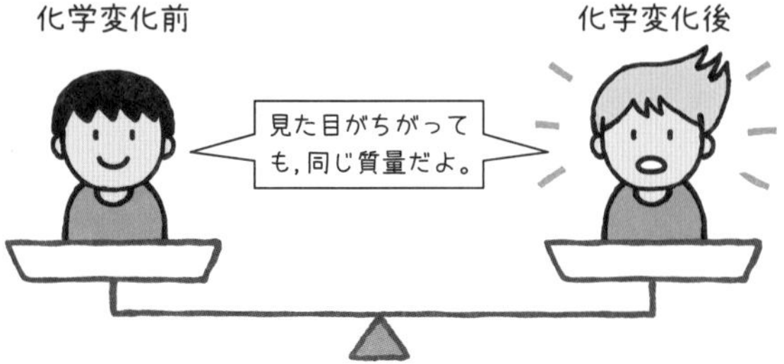
化学変化前
化学変化後
見た目がちがっても，同じ質量だよ。

気体が出ていくと軽くなる。

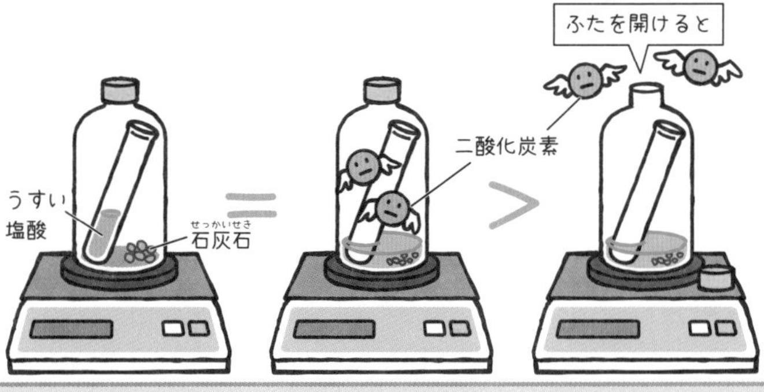
ふたを開けると
うすい塩酸
石灰石《せっかいせき》
二酸化炭素
=
>

理科

★今夜のおさらい

化学変化の前後で，物質全体の質量は変わらないことを，質量保存《しつりょうほぞん》の法則《ほうそく》といいます。

反応前の質量の総和＝反応後の質量の総和

うすい硫酸《りゅうさん》とうすい塩化バリウム水溶液を混ぜると，塩酸と硫酸バリウムの白い沈殿《ちんでん》ができます。このとき，反応の前後で質量の総和は変わりません。

ふたのない容器では，うすい塩酸と石灰石の反応でできた二酸化炭素が出てしまうため，質量は軽くなります。下の実験のように，密閉《みっぺい》容器中では，反応の前後の質量は変わりません。

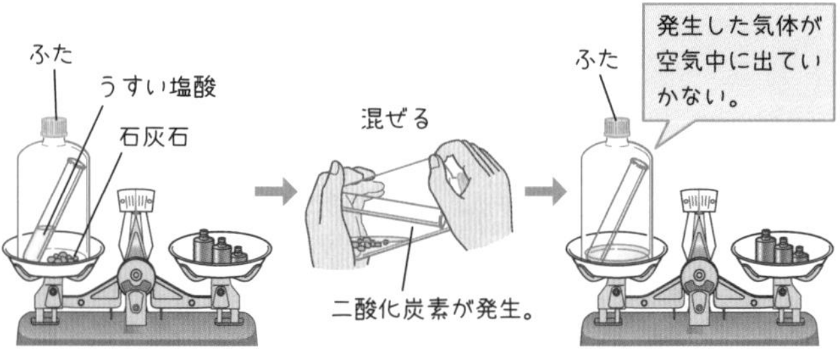
ふた
うすい塩酸
石灰石
混ぜる
二酸化炭素が発生。
ふた
発生した気体が空気中に出ていかない。

寝る前にもう一度

- 化学変化の前後で全体の質量は変わらない。
- 気体が出ていくと軽くなる。

★今夜おぼえること

化学反応《かがくはんのう》する物質の質量の割合《わりあい》はつねに一定。

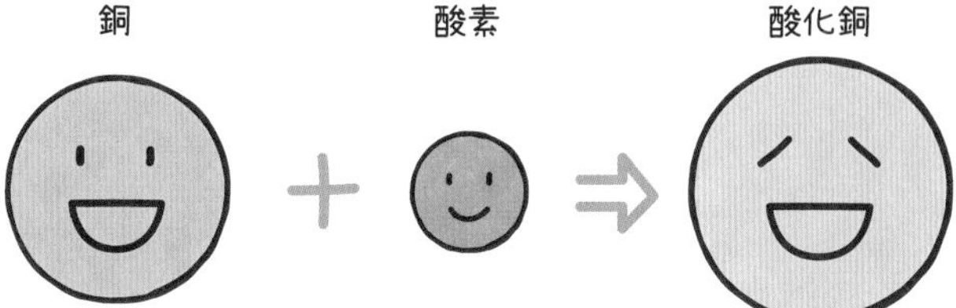

④ ： ① ： ⑤

鉄粉《てっぷん》が酸化《さんか》する化学変化《かがくへんか》では熱を発生。

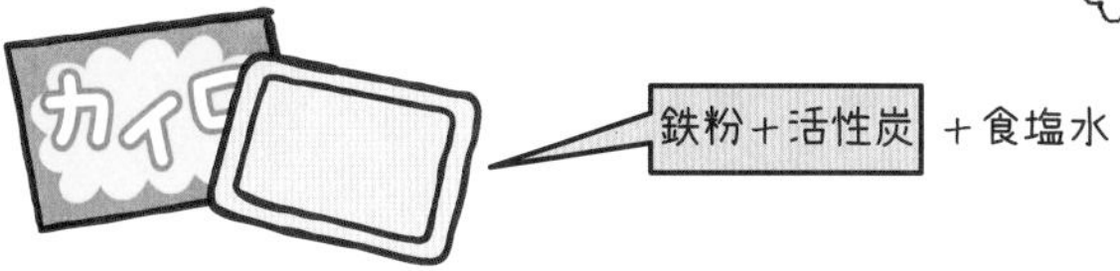

★今夜のおさらい

金属が酸素と化学反応するとき、金属と酸素は決まった質量の割合で結びつきます。

▼金属の質量とその酸化物の質量の関係⇒比例関係

▼金属の質量とその金属と反応した酸素の質量の関係⇒比例関係

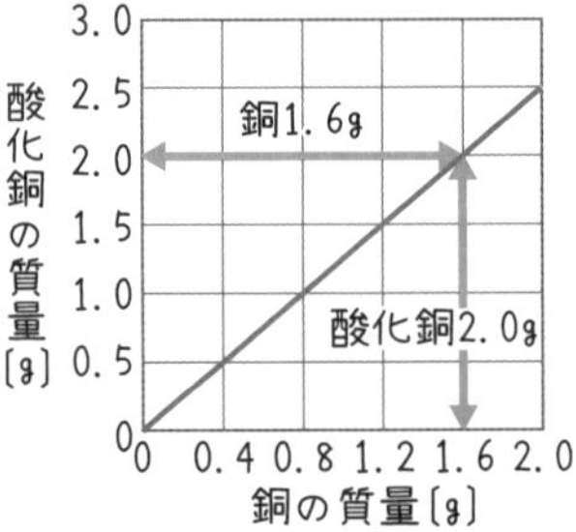

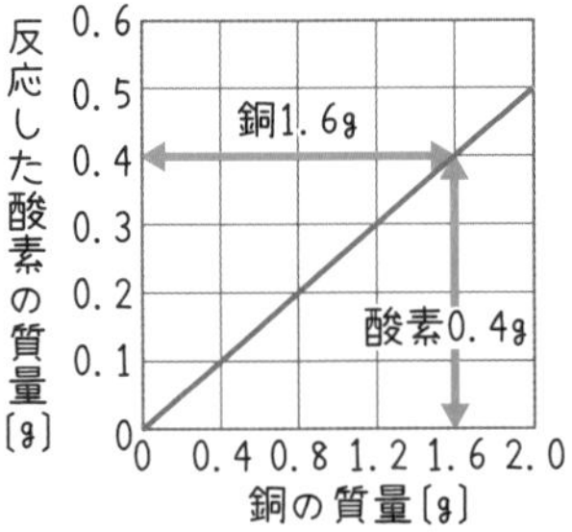

質量の比は　銅：酸化銅
4：5

質量の比は　銅：酸素
4：1

鉄粉に活性炭を混ぜ、食塩水を加えると、鉄と酸素が反応して酸化鉄ができます。このとき熱を発生し、温度が上がります。

寝る前にもう一度

- 化学反応する物質の質量の割合はつねに一定。
- 鉄粉が酸化する化学変化では熱を発生。

★今夜おぼえること

葉緑体《ようりょくたい》，液胞《えきほう》，細胞壁《さいぼうへき》は植物の細胞にだけある。

動物の細胞　　植物の細胞

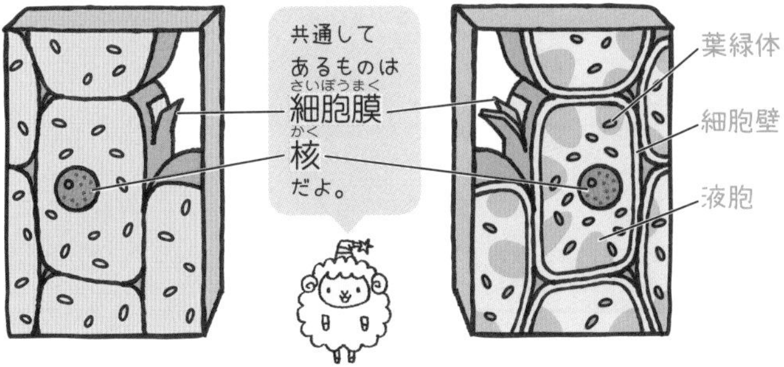

共通してあるものは細胞膜《さいぼうまく》，核《かく》だよ。
葉緑体
細胞壁
液胞

単細胞生物《たんさいぼうせいぶつ》は1つの細胞。

ゾウリムシ

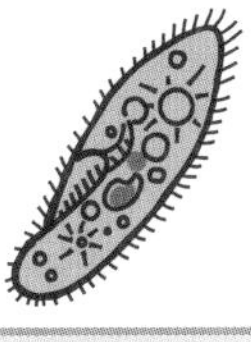

ミカヅキモ

アメーバ

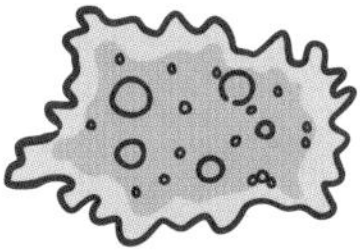

★今夜のおさらい

核は，酢酸《さくさん》オルセインや酢酸カーミンといった染色液《せんしょくえき》で染《そ》まります。

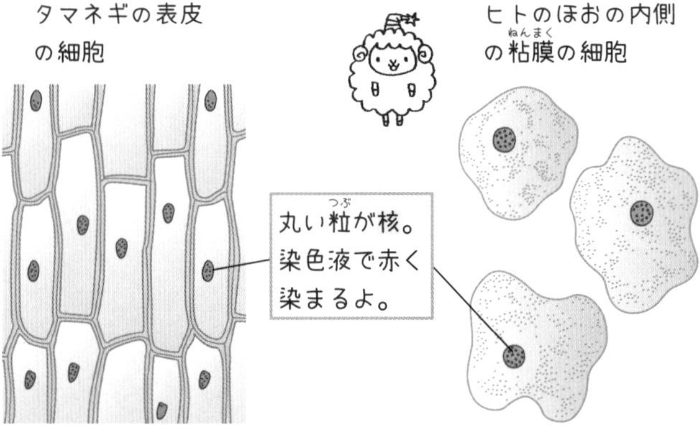
タマネギの表皮
の細胞
ヒトのほおの内側
の粘膜《ねんまく》の細胞
丸い粒《つぶ》が核。
染色液で赤く
染まるよ。

単細胞生物は，からだが**1つの細胞**からできています。多細胞生物は，からだが**多くの細胞**からできています。

多細胞生物のからだ
① 組織《そしき》…形やはたらきが同じ細胞の集まり。
② 器官《きかん》…いくつかの組織の集まり。
③ 個体《こたい》…いくつかの器官の集まり。

寝る前にもう一度

- 葉緑体，液胞，細胞壁は植物の細胞にだけある。
- 単細胞生物は１つの細胞。

8. 生物：光合成

□ 月 日
□ 月 日

★今夜おぼえること

ゴロ合わせ 水着の兄さん光を浴《あ》びてデートでサングラス。

水着（水）　兄さん（二酸化炭素）　光（光）　デ（デンプン）　サン（酸素）

光合成《こうごうせい》：水＋二酸化炭素 —光→ デンプン＋酸素

葉緑体《ようりょくたい》はデンプン工場。

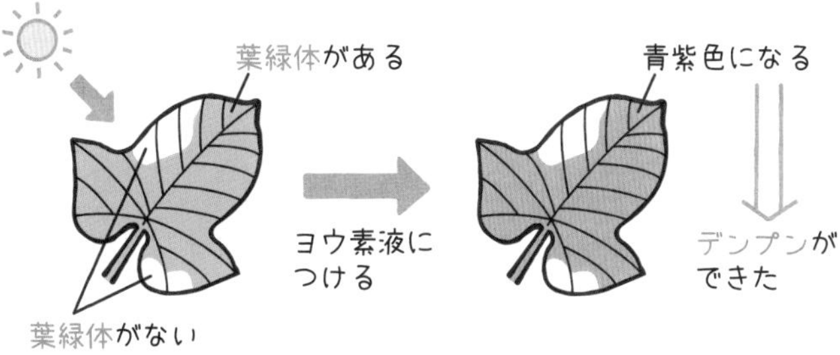
葉緑体がある
ヨウ素液に
つける
青紫色になる
デンプンが
できた
葉緑体がない

理科

★今夜のおさらい

🌟植物は、水と二酸化炭素を原料に、光のエネルギーを使って、デンプンなどの栄養分をつくります。このはたらきを光合成といいます。このとき、デンプンのほかに、酸素もできます。

🌙光を受けてデンプンをつくるのは、細胞の中にある緑色をした葉緑体です。

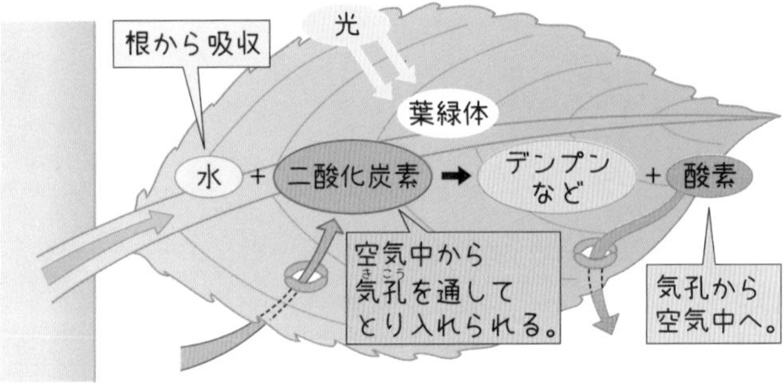

根から吸収
光
葉緑体
水
+
二酸化炭素
デンプン
など
+
酸素
空気中から
気《き》孔《こう》を通して
とり入れられる。
気孔から
空気中へ。

寝る前にもう一度

🌟水着の兄さん光を浴びてデートでサングラス。

🌙葉緑体はデンプン工場。

★今夜おぼえること

呼《こ》吸《きゅう》は酸素→二酸化炭素

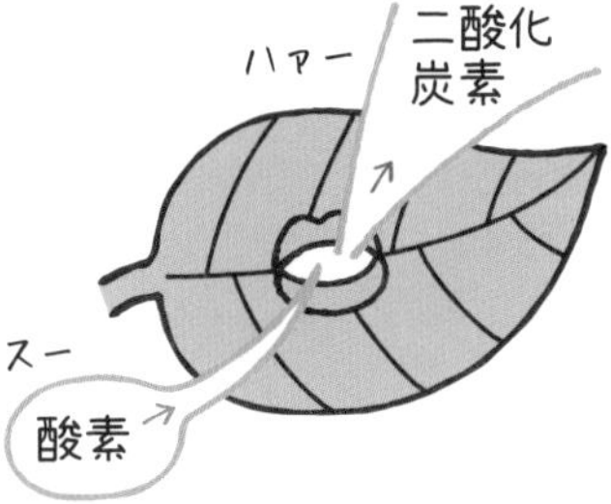
ハァー
二酸化
炭素
スー
酸素

呼吸では酸素をとり入れて二酸化炭素を出すよ。

気体の出入りは気孔《きこう》でされるんだったね。

昼は酸素を多く出す。

昼は光合成《こうごうせい》と呼吸の両方をしているよ。

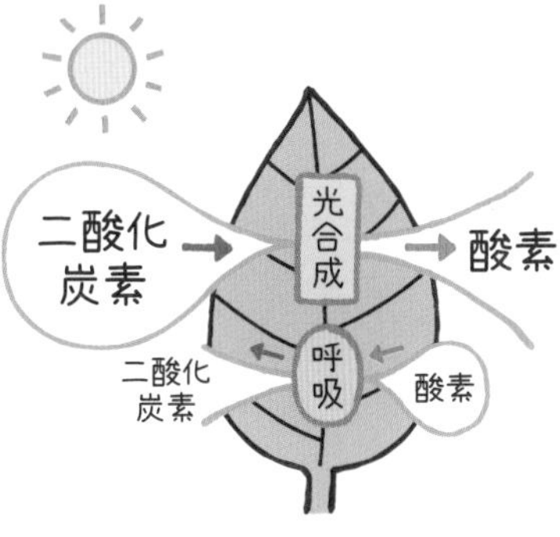
二酸化
炭素
光合成
酸素
呼吸
二酸化
炭素
酸素

理科

★今夜のおさらい

✪酸素を使ってデンプン（栄養分）を分解《ぶんかい》し，二酸化炭素と水を出すはたらきを呼吸といいます。

光合成とは逆のはたらきだよ。

☽植物は，昼は光合成《こうごうせい》も呼吸もしていますが，光が十分に当たっているときは，光合成による気体の出入りのほうが多いので，全体としては酸素を多く出しています。夜は呼吸だけをしているので，二酸化炭素を出しています。

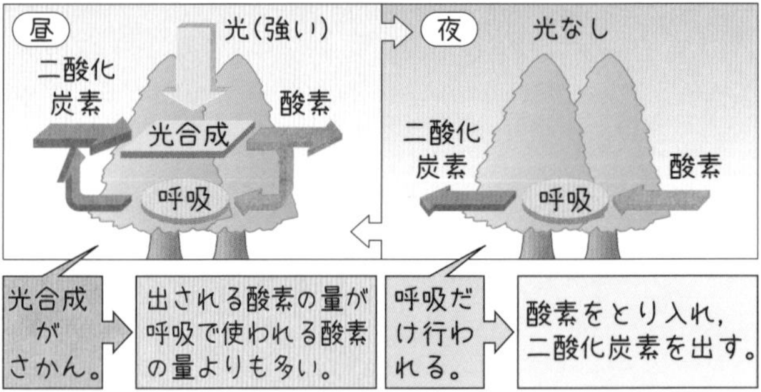
昼
光(強い)
二酸化炭素
酸素
光合成
呼吸
夜
光なし
二酸化炭素
酸素
呼吸
光合成がさかん。
出される酸素の量が呼吸で使われる酸素の量よりも多い。
呼吸だけ行われる。
酸素をとり入れ，二酸化炭素を出す。

寝る前にもう一度

- ✪呼吸は酸素→二酸化炭素
- ☽昼は酸素を多く出す。

10. 生物：動物のからだのつくりとはたらき①

□ 月 日
□ 月 日

★今夜おぼえること

口⇒食道⇒胃《い》⇒小腸⇒大腸⇒肛門《こうもん》は1本の管。

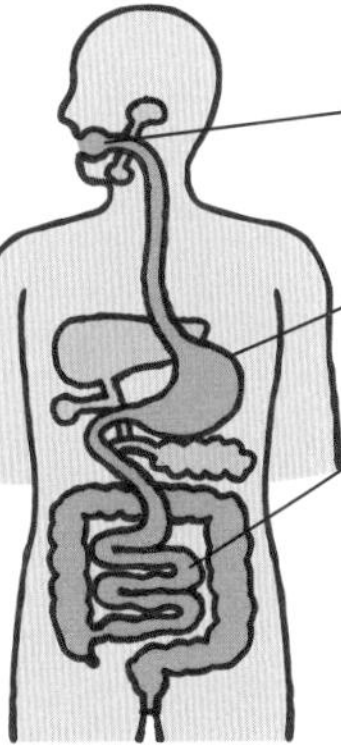

消化管《しょうかかん》と消化《しょうか》

口…だ液で消化する。
デンプンを分解《ぶんかい》する。

胃…胃液で消化する。
タンパク質を分解する。

小腸…小腸の壁《かべ》の消化酵素《しょうかこうそ》で消化する。
デンプンとタンパク質を分解する。

口から肛門までの1本の管のことを消化管というよ。

栄養分は小腸から吸収。

小腸の内壁《ないへき》のひだ

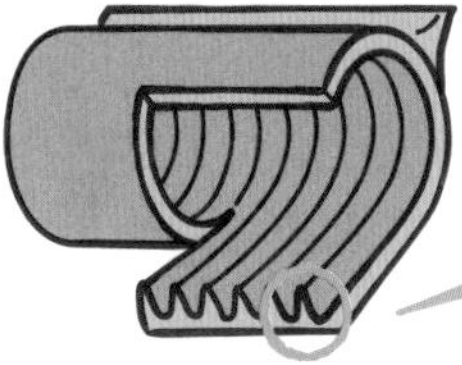

柔毛《じゅうもう》の断面

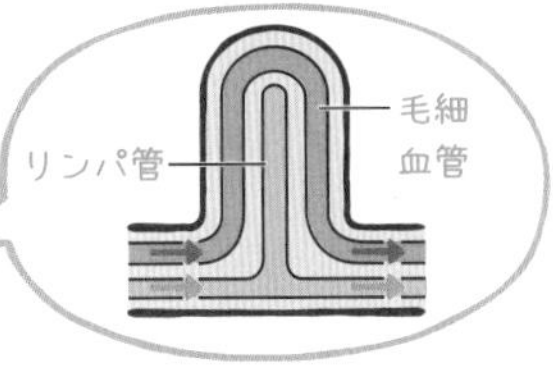

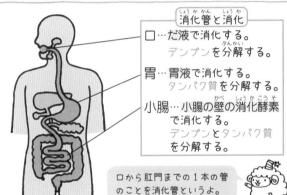

★今夜のおさらい

消化管を通る間に，栄養分は消化され，次のように分解されます。

デンプン→ブドウ糖《とう》　タンパク質→アミノ酸
脂肪《しぼう》→脂肪酸《しぼうさん》とモノグリセリド

▼だ液のはたらきを調べる実験

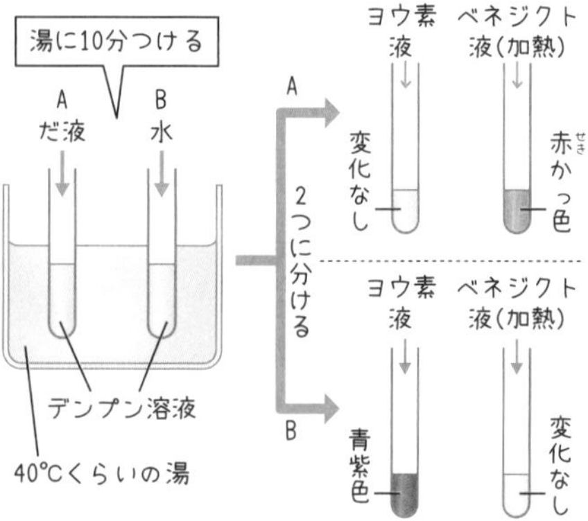

湯に10分つける
A
だ液
B
水
デンプン溶液
40℃くらいの湯
2つに分ける
A
ヨウ素液
ベネジクト液(加熱)
変化なし
赤《せき》かっ色
B
ヨウ素液
ベネジクト液(加熱)
青紫色
変化なし

ベネジクト液を入れて加熱したとき，麦芽糖《ばくがとう》があると赤かっ色の沈殿ができるよ。ヨウ素液は，デンプンがあると青紫色に変化。

➡実験の結果から，デンプンはだ液で分解されて麦芽《ばくが》糖になりました。

小腸の柔毛の毛細血管《もうさいけっかん》には，ブドウ糖，アミノ酸など，リンパ管には脂肪酸《しぼうさん》とモノグリセリドが再び脂肪《しぼう》になって吸収されます。

寝る前にもう一度

- 口⇒食道⇒胃⇒小腸⇒大腸⇒肛門は１本の管。
- 栄養分は小腸から吸収。

★今夜おぼえること

肺胞《はいほう》のおかげで表面積は大。

ヒトの肺のつくり

肺の中を拡大すると，細かく枝分かれした気管支の先に肺胞がある。→表面積が大。

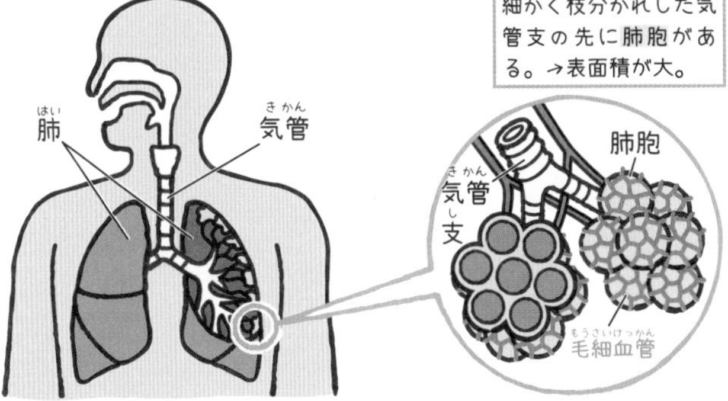

肺《はい》
気管《きかん》
肺胞
気管《きかん》支《し》
毛細血管《もうさいけっかん》

呼吸《こきゅう》では血液中に酸素をとり入れ，二酸化炭素を放出。

ヒトの肺胞内での酸素と二酸化炭素の交換《こうかん》

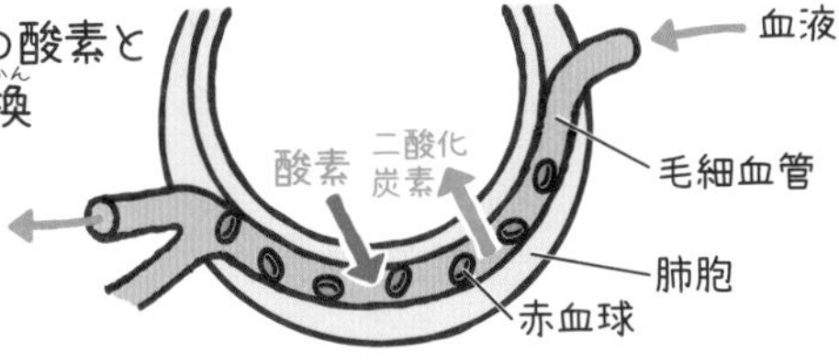

血液
酸素
二酸化炭素
毛細血管
肺胞
赤血球

★今夜のおさらい

肺胞は，肺をつくる小さなふくろで，表面には毛細血管が分布しています。筋肉のついたろっ骨《こつ》と横隔膜《おうかくまく》のはたらきで呼吸が行われます。

▼呼吸とそのしくみを調べる実験

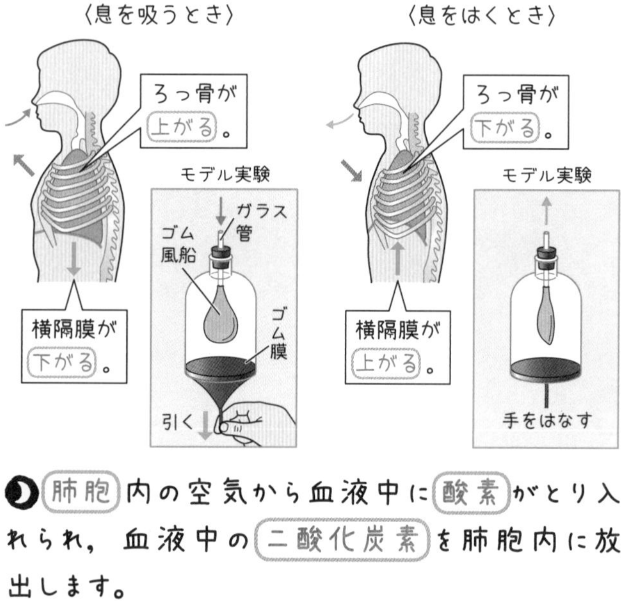

〈息を吸うとき〉
ろっ骨が
上がる。
横隔膜が
下がる。
モデル実験
ガラス
管
ゴム
風船
ゴム
膜
引く
〈息をはくとき〉
ろっ骨が
下がる。
横隔膜が
上がる。
モデル実験
手をはなす

肺胞内の空気から血液中に酸素がとり入れられ，血液中の二酸化炭素を肺胞内に放出します。

寝る前にもう一度

- 肺胞のおかげで表面積は大。
- 呼吸では血液中に酸素をとり入れ，二酸化炭素を放出。

★今夜おぼえること

心臓《しんぞう》は血液循環《じゅんかん》のポンプ。

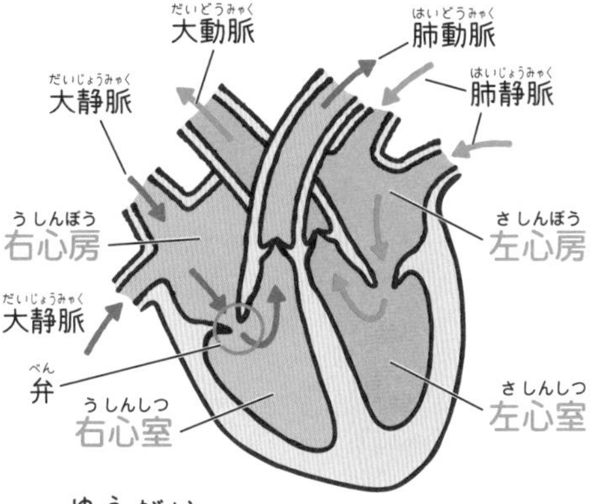
大動脈《だいどうみゃく》
肺動脈《はいどうみゃく》
大静脈《だいじょうみゃく》
肺静脈《はいじょうみゃく》
右心房《うしんぼう》
左心房《さしんぼう》
大静脈《だいじょうみゃく》
弁《べん》
右心室《うしんしつ》
左心室《さしんしつ》

動脈…心臓から出ていく血液が通る血管。

静脈…心臓にもどる血液が通る血管。

有害《ゆうがい》なアンモニアは，無害な尿素《にょうそ》に変身。

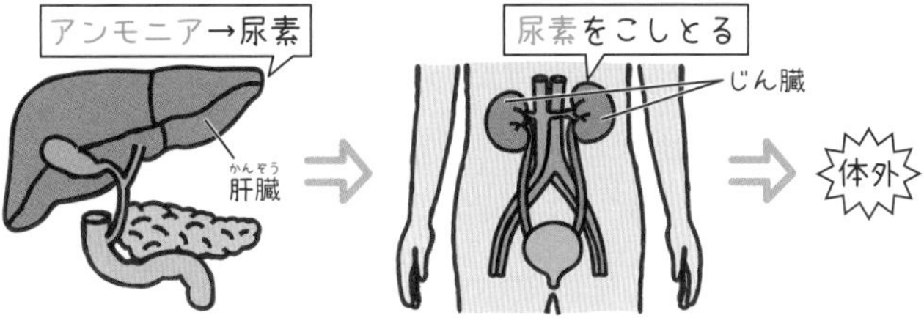
アンモニア→尿素
肝臓《かんぞう》
尿素をこしとる
じん臓
体外

★今夜のおさらい

ヒトの心臓は，2つの心房と2つの心室からなり，全身に血液を送るポンプの役割をはたしています。血液の循環《じゅんかん》には，体循環と肺循環の2つがあります。

体循環《たいじゅんかん》…心臓⇒全身⇒心臓

全身の細胞に酸素や栄養分をあたえ，細胞から二酸化炭素や不要物を受けとる。

肺循環《はいじゅんかん》…心臓⇒肺⇒心臓

肺の毛細血管で二酸化炭素を出し，酸素を受けとる。

体内に有害なアンモニアは，**肝臓《かんぞう》**で尿素に変えられ，**じん臓**で血液中からこしとられて尿として排出《はいしゅつ》されます。

肝臓のはたらき…①栄養分をたくわえる。

②胆汁《たんじゅう》（胆液《たんえき》）をつくる。

③体内の有害な物質を無害な物質に変える。

じん臓のはたらき…①血液から，尿素などの不要物をとり除く。

②余分な水分や塩分を尿中に排出する。

寝る前にもう一度

- 心臓は血液循環のポンプ。
- 有害なアンモニアは，無害な尿素に変身。

13. 生物：動物のからだのつくりとはたらき④

□　月　日
□　月　日

★ 今夜おぼえること

脳《のう》に伝わると見える，聞こえる。

ヒトの目のつくり

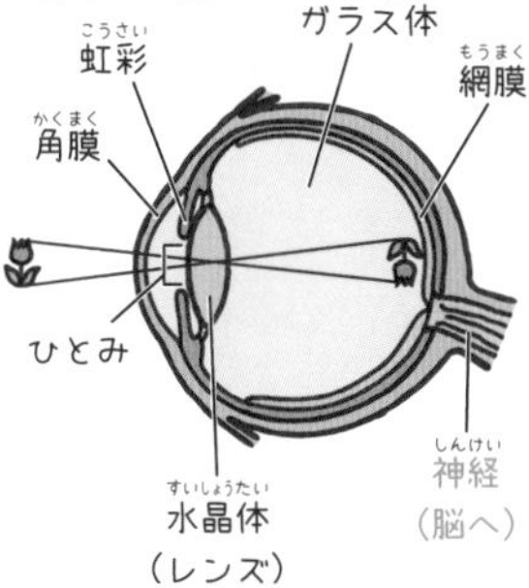

ガラス体
虹彩《こうさい》
網膜《もうまく》
角膜《かくまく》
ひとみ
神経《しんけい》
（脳へ）
水晶体《すいしょうたい》
（レンズ）

ヒトの耳のつくり

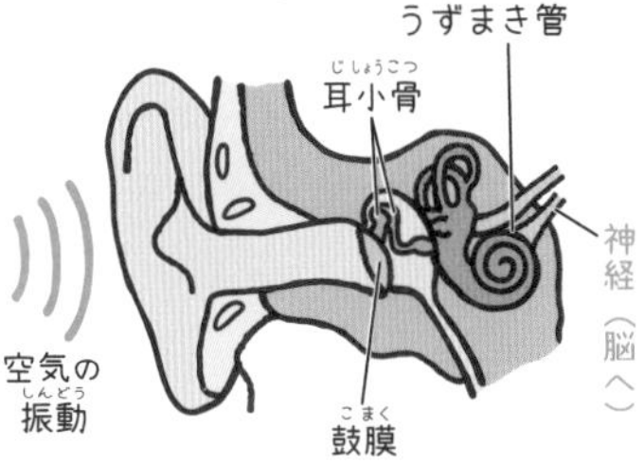

うずまき管
耳小骨《じしょうこつ》
神経（脳へ）
空気の
振動《しんどう》
鼓膜《こまく》

無意識の動きは反射《はんしゃ》。

あつい!!

思わず，
手を引っ
こめたよ。

反射のしくみ

①刺激《しげき》⇒②感覚器官⇒③感覚神経⇒④せきずい⇒⑤運動神経⇒
⑥運動器官⇒⑦反応

★今夜のおさらい

✪目や耳などの感覚器官《かんかくきかん》には刺激《しげき》を受けとるための感覚細胞《かんかくさいぼう》があり，神経とつながっています。感覚器官が刺激を受けとると信号は神経を通って脳に伝わり，光や音を感じます。

●刺激の流れ

光の場合…光⇒角膜⇒ひとみ⇒水晶体⇒網膜⇒神経⇒脳

音の場合…音⇒鼓膜⇒耳小骨⇒うずまき管⇒神経⇒脳

☾感覚器官で受けとった刺激は，神経を通ってせきずいと脳に伝わりますが，無意識に起こる反応（反射）では，刺激が脳に伝わる前に反応が起こります。

反射　刺激⇒感覚器官⇒感覚神経⇒脊髄《せきずい》⇒運動神経⇒運動器官⇒反応

意識して起こす反応　刺激⇒感覚器官⇒感覚神経⇒脊髄⇒脳⇒脊髄⇒運動神経⇒運動器官⇒反応

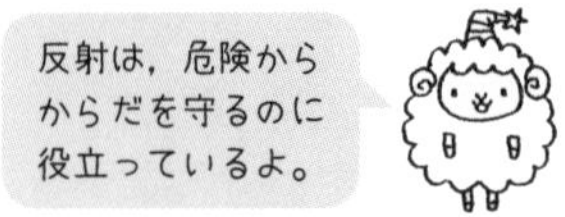
反射は，危険からからだを守るのに役立っているよ。

寝る前にもう一度

✪脳に伝わると見える，聞こえる。

☾無意識の動きは反射。

★今夜おぼえること

通り道が1本なのが直列，2本以上に分かれるのが並列。

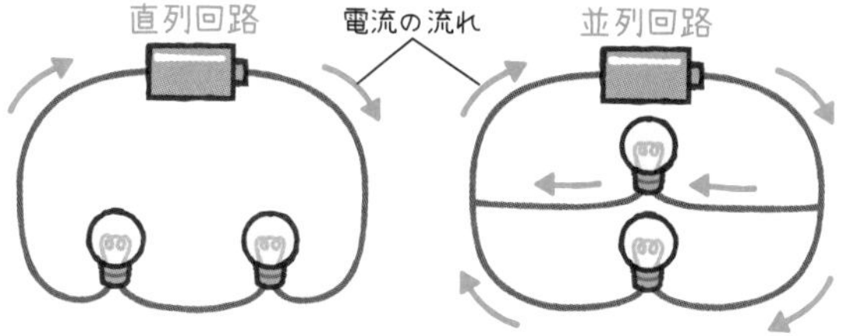

直列は電流が，並列は電圧が等しい。

直列回路の電流と電圧

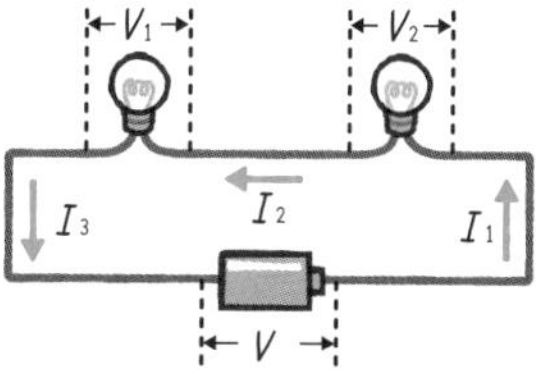

電流　$I_1 = I_2 = I_3$

電圧　$V = V_1 + V_2$

並列回路の電流と電圧

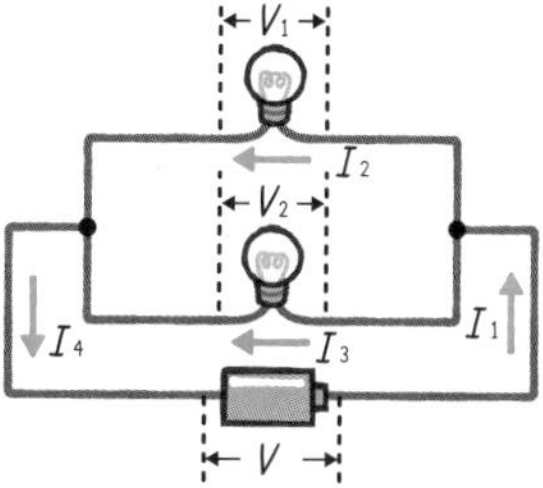

電流　$I_1 = I_2 + I_3 = I_4$

電圧　$V = V_1 = V_2$

★今夜のおさらい

電流は電源の＋《プラス》極から流れ出て，回路を通って電源の－《マイナス》極に流れこみます。

電気用図記号

電源	長いほうが＋極　－┤├＋	電気抵抗《ていこう》	―□―
電球	―⊗―	電流計	―Ⓐ―
スイッチ	＿／ ＿	電圧計	―Ⓥ―

電流は，**直列回路**のどの点でも同じ大きさ，**並列回路**では枝分かれする前の電流と枝分かれした後の電流の和が等しくなります。

直列回路の電流　$I_1 = I_2 = I_3$　並列回路の電流　$I_1 = I_2 + I_3 = I_4$

直列回路の電圧　$V = V_1 + V_2$　並列回路の電圧　$V = V_1 = V_2$

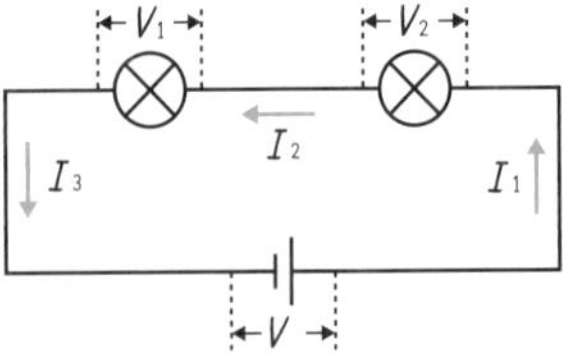

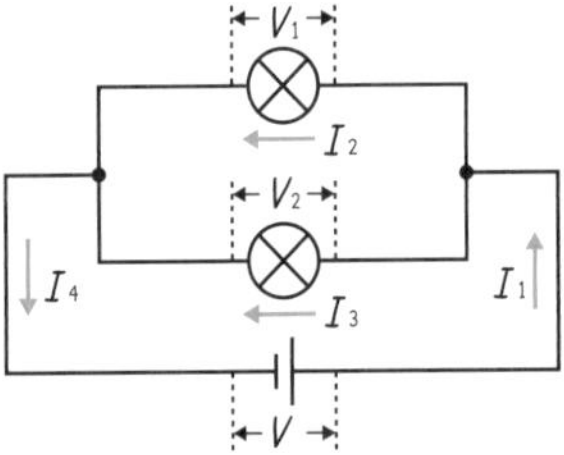

寝る前にもう一度

- 通り道が1本なのが直列，2本以上に分かれるのが並列。
- 直列は電流が，並列は電圧が等しい。

★今夜おぼえること

流れにくさはオームで示す。

→Ω

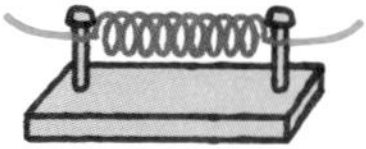

電流が流れにくい。

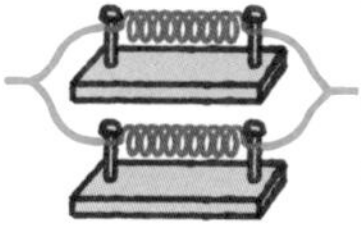

抵抗を並列《へいれつ》につなげると，1本のときより，電流が流れやすい。

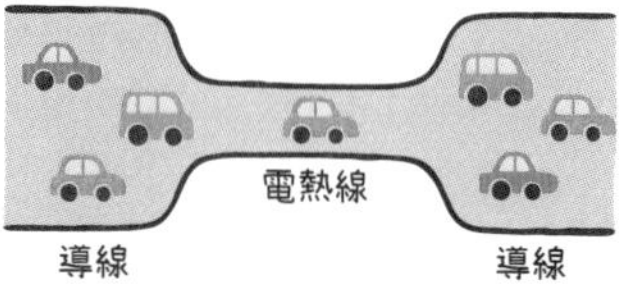

電熱線
導線
導線

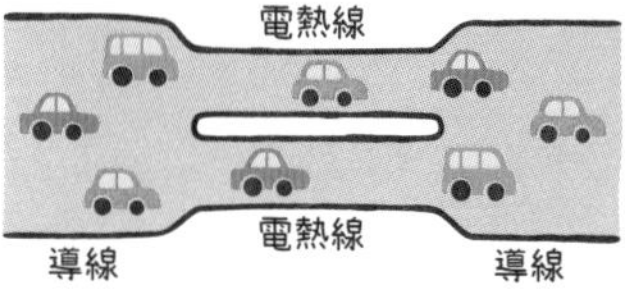

電熱線
電熱線
導線
導線

オームの法則は$V = R \times I$

→電圧 = 抵抗 × 電流

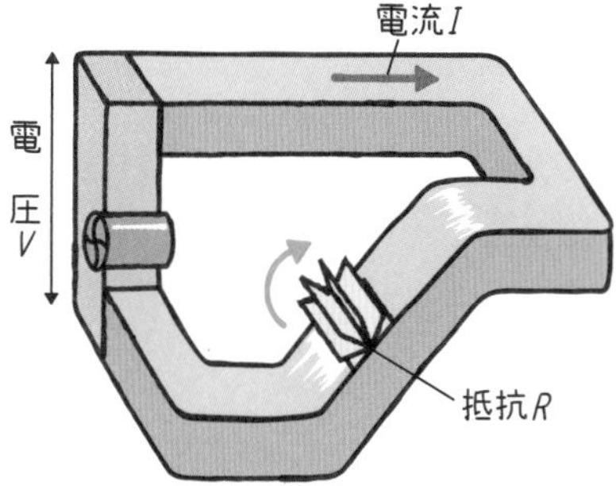

電流I
電圧V
抵抗R

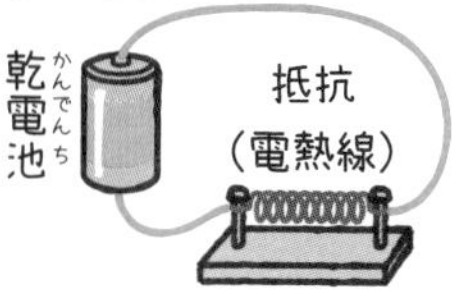

乾《かん》電《でん》池《ち》
抵抗
(電熱線)

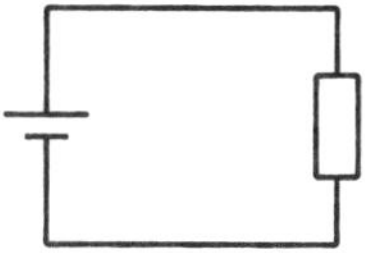

回路図

★今夜のおさらい

電熱線などの電流の流れにくさを、電気抵抗《ていこう》（抵抗）といってΩ《オーム》で表します。

$$抵抗〔\Omega〕の大きさ = \frac{電圧〔V〕の大きさ}{電流〔A〕の大きさ}$$

電熱線を流れる電流が電熱線の両端《りょうたん》に加わる電圧に比例することをオームの法則といいます。電流を I，電圧を V，抵抗を R で表すと，

$V = R \times I$　　【変形式】 $I = \frac{V}{R}$，$R = \frac{V}{I}$

●電熱線 a，b の抵抗の求め方

・a の抵抗
＝3〔V〕÷2〔A〕
＝1.5〔Ω〕

・b の抵抗
＝6〔V〕÷3〔A〕
＝2〔Ω〕

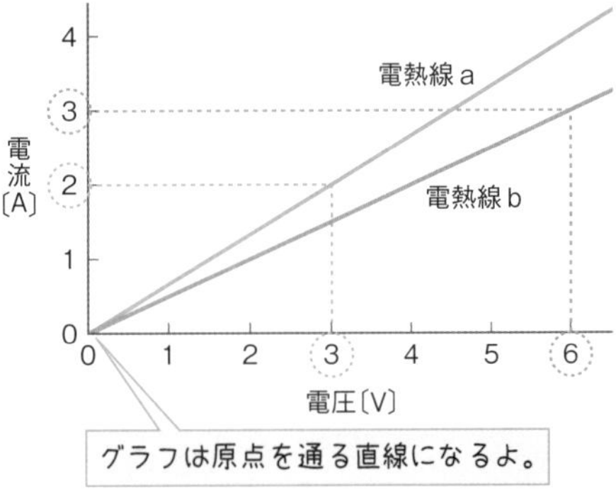

電流〔A〕
4
3
2
1
0
電熱線 a
電熱線 b
0
1
2
3
4
5
6
電圧〔V〕
グラフは原点を通る直線になるよ。

寝る前にもう一度

- 流れにくさはオームで示す。
- オームの法則は $V = R \times I$

16. 物理：電気のエネルギー

□ 月 日
□ 月 日

★今夜おぼえること

電力〔W《ワット》〕は、電圧〔V〕×電流〔A〕で求める！

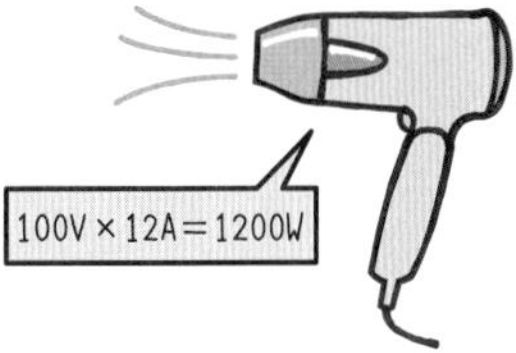
100V×12A＝1200W

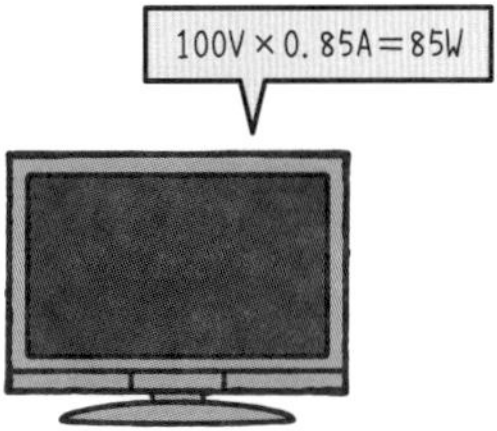
100V×0.85A＝85W

水1gを1℃上げるには、4.2J《ジュール》の熱量が必要。

4.2J
1℃温度が
上がったよ。
水1g
水1g

★今夜のおさらい

電力とは，1秒間に消費される電気エネルギーの量のことをいいます。電気器具などにかかる電圧と流れる電流の積で求められます。

電力P〔W〕＝電圧V〔V〕×電流I〔A〕

電気を消費した量は，電力量で表します。

電力量W〔J〕＝電力P〔W〕×時間t〔s〕

1200Wのドライヤーを10秒間使ったら，
1200×10＝12000〔J〕
の電力量を消費するよ。

電熱線などから発生する熱の量を熱量といいます。単位はジュール〔J〕。1Wの電力で1秒間に発生する熱量が1Jです。

熱量Q〔J〕＝電力P〔W〕×時間t〔s〕

一定量の水が得た熱量は，

熱量〔J〕＝4.2〔J〕×水の質量〔g〕×水の上昇温度〔℃〕

水1gを1℃上昇させるのに必要な熱量は，約4.2Jだよ。

寝る前にもう一度

- 電力〔W〕は，電圧〔V〕×電流〔A〕で求める！
- 水1gを1℃上げるには，4.2Jの熱量が必要。

17. 物理：電流のまわりの磁界

□ 月 日
□ 月 日

★今夜おぼえること

電流→大，**コイルの巻数**→増で**磁界**《じかい》は強くなる。

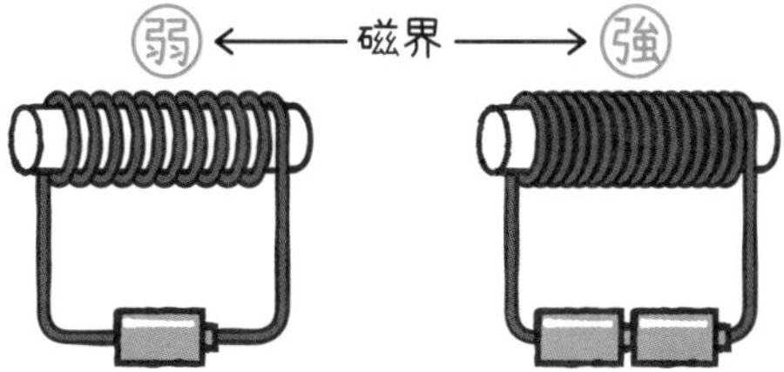

右手の**親指**はコイルの内側の磁界の向き。

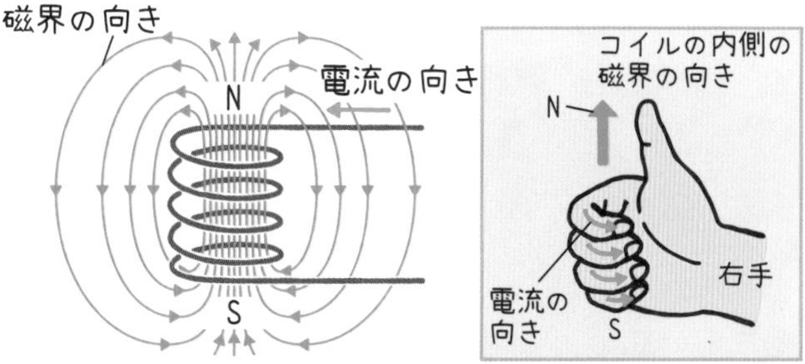

★今夜のおさらい

コイルに鉄しんを入れて，磁界を強くしたものを電磁石《でんじしゃく》といいます。

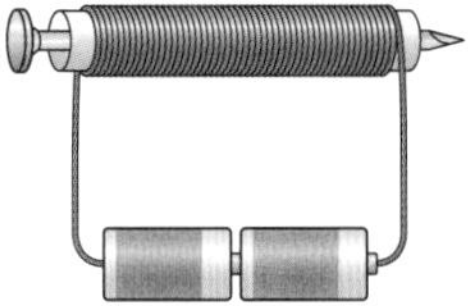

コイルの磁界を強くするには，
次の 3 つの方法があります。

①電流を大きくする。
②コイルの巻数を増やす。
③コイルに鉄しんを入れる。

右手の4本の指で電流の向きにコイルをにぎったとき，親指の向きがコイルの内側に生じる磁界の向きになります。

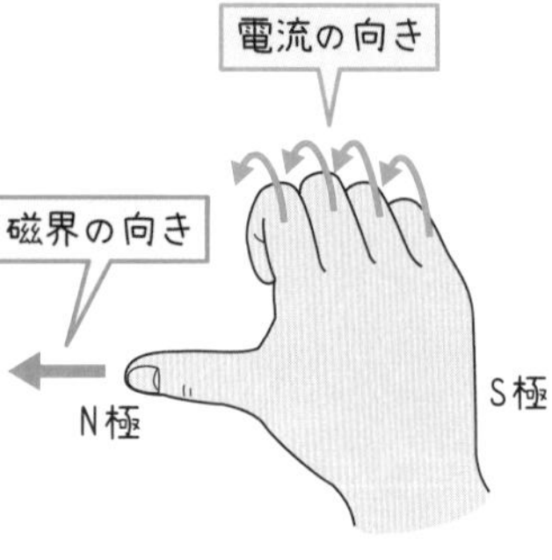
電流の向き
磁界の向き
N極
S極

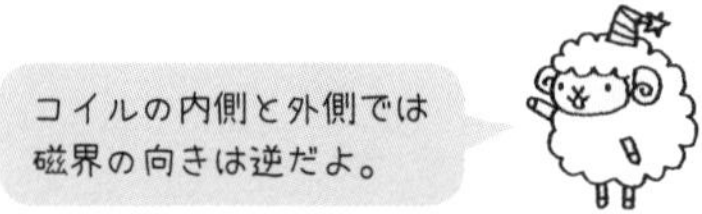
コイルの内側と外側では
磁界の向きは逆だよ。

寝る前にもう一度

- 電流→大，コイルの巻数→増で磁界は強くなる。
- 右手の親指はコイルの内側の磁界の向き。

★今夜おぼえること

電磁誘導《でんじゆうどう》はコイルに磁石を出し入れすると電圧が生じる現象。

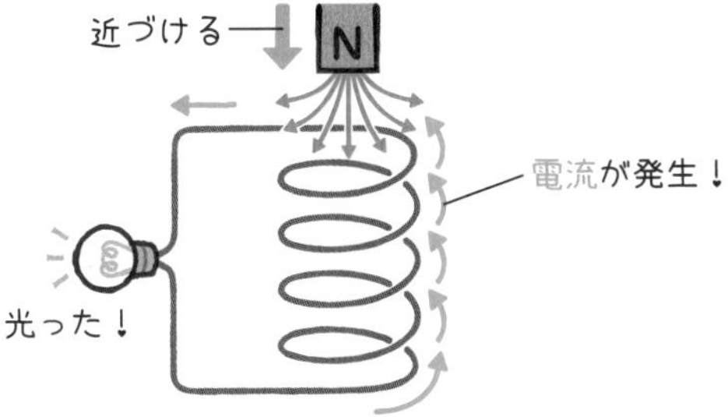
近づける
N
電流が発生！
光った！

電流の流れる向きが、直流《ちょくりゅう》は一定、交流《こうりゅう》は周期的に変化。

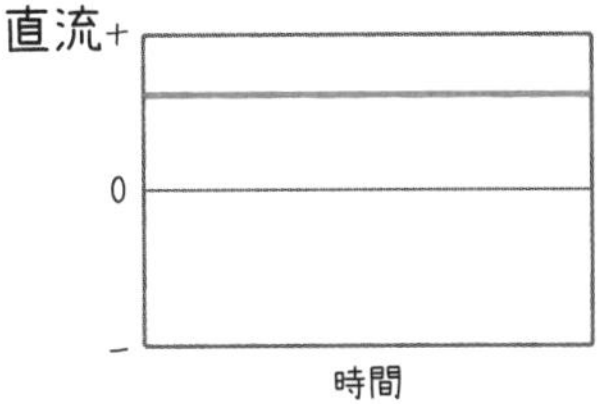
直流
+
0
−
時間

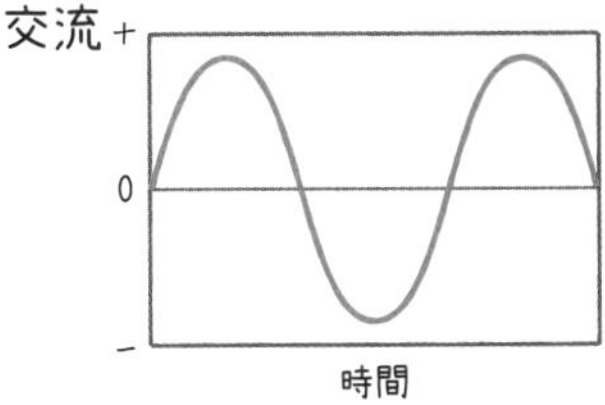
交流
+
0
−
時間

★今夜のおさらい

コイルの中の磁界《じかい》が変化すると，コイルの両《りょう》端《たん》に電圧が生じます。この現象を電磁誘導といい，このとき流れる電流を誘導《ゆうどう》電流といいます。磁石の極と，動かす向きによって，誘導電流の向きは変わります。

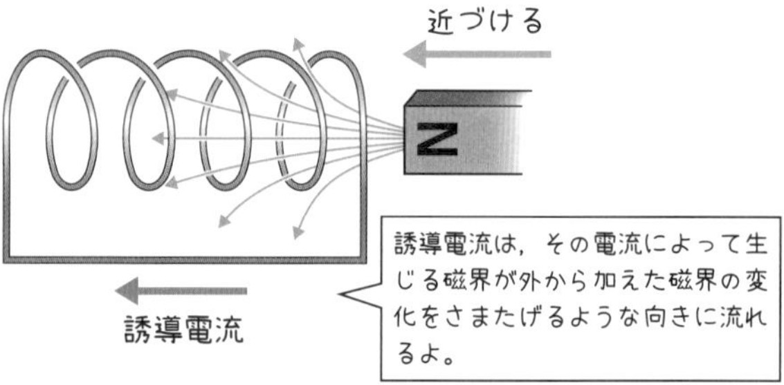
近づける
N
誘導電流
誘導電流は，その電流によって生じる磁界が外から加えた磁界の変化をさまたげるような向きに流れるよ。

乾電池《かんでんち》のように，一定の向き，大きさで流れる電流を直流，家庭のコンセントからの電流のように，電流の大きさや向きが変化する電流を交流といいます。

寝る前にもう一度

- 電磁誘導はコイルに磁石を出し入れすると電圧が生じる現象。
- 電流の流れる向きが，直流は一定，交流は周期的に変化。

★今夜おぼえること

冬のドアのパチッ！の正体は静電気《せいでんき》。

電子線（陰極線《いんきょくせん》）は−《マイナス》の電気をもつ電子《でんし》の流れ。

電子線は，磁石を近づけたり，電圧をかけたりすると曲がるよ。

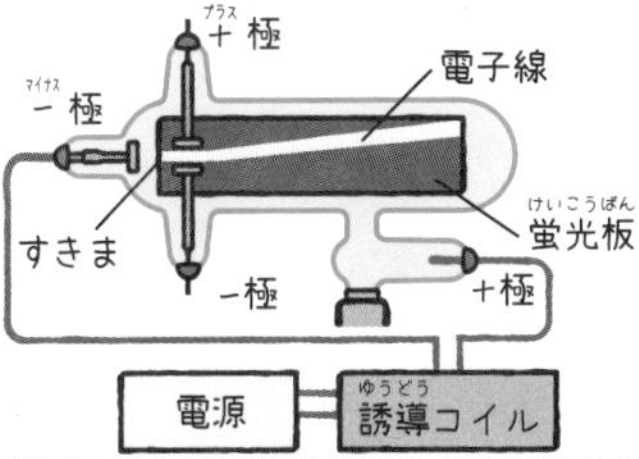
＋《プラス》極
−《マイナス》極
電子線
すきま
蛍光板《けいこうばん》
−極
＋極
電源
誘導《ゆうどう》コイル

★今夜のおさらい

2種類の物体をこすり合わせたときに、物体がおびる電気を静電気、たまった電気が流れ出したり、空間を移動する現象を放電《ほうでん》といいます。

静電気が起きるしくみ

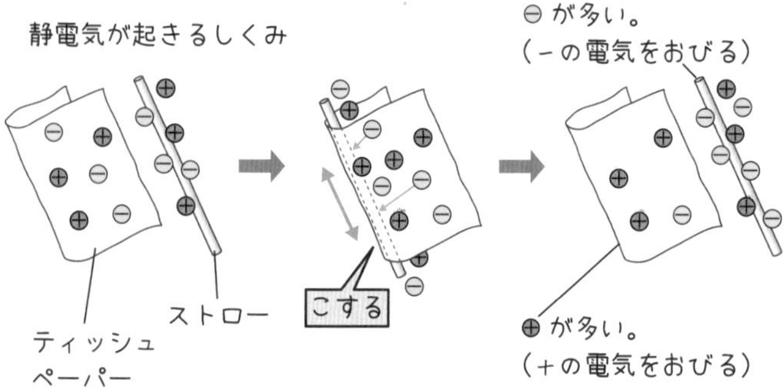
⊖が多い。
（－の電気をおびる）
ストロー
ティッシュペーパー
こする
⊕が多い。
（＋の電気をおびる）

真空放電《しんくうほうでん》によって、－極から出るものを電子線（陰極線）といいます。これは、－の電気をもつ非常に小さい粒《りゅう》子《し》である電子の流れです。

真空放電とは、気圧を低くした空間に電流が流れる現象のことだよ。

寝る前にもう一度

- 冬のドアのパチッ！の正体は静電気。
- 電子線（陰極線）は－の電気をもつ電子の流れ。

★今夜おぼえること

圧力《あつりょく》は，面の上に力。

圧力＝

力
面の上に力
面積

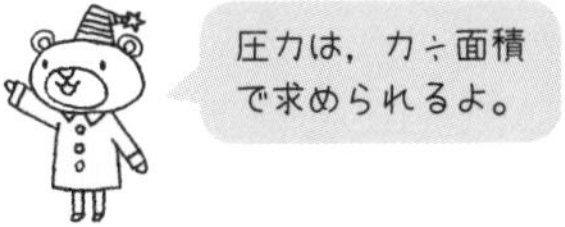
圧力は，力÷面積で求められるよ。

空気の重さによる圧力が，大《たい》気《き》圧《あつ》(気圧)。

高い場所ほど，気圧は低い。
POTATO CHIPS
POTATO CHIPS

★今夜のおさらい

一定の面積あたりの面を垂直に押《お》す力を圧力といいます。$1m^2$あたりの圧力はパスカル（Pa）で表されます。

$$圧力〔Pa〕= \frac{面を垂直に押す力〔N〕}{力がはたらく面積〔m^2〕}$$

〔N/m^2〕

例　重さ10Nの物体が，底面積$0.2m^2$の床に加える圧力は何Pa？

$$\frac{10〔N〕}{0.2〔m^2〕} = 50〔Pa〕$$

空気に押されることで生じる圧力を，大気圧（気圧）といいます。気圧は，あらゆる方向から同じ大きさで加わり，地表で最も大きく，上空ほど小さくなります。気圧の単位は，ヘクトパスカル（hPa）で，1013 hPaを基準として，これを1気圧といいます。

ヘクトパスカルのヘクトは，
100倍の意味で100Pa に等しい。

寝る前にもう一度

- 圧力は，面の上に力。
- 空気の重さによる圧力が，大気圧（気圧）。

★今夜おぼえること

高気圧《こうきあつ》は下降気流《かこうきりゅう》，低気《ていき》圧《あつ》は上昇《じょうしょう》気流。

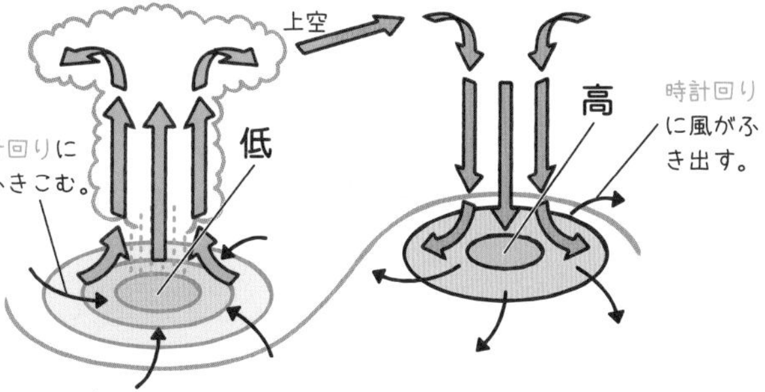
上空
低
高
反時計回りに
風がふきこむ。
時計回り
に風がふ
き出す。

寒気《かんき》の上にはい上がる温暖《おんだん》前線，暖気《だんき》の下にもぐる寒冷《かんれい》前線。

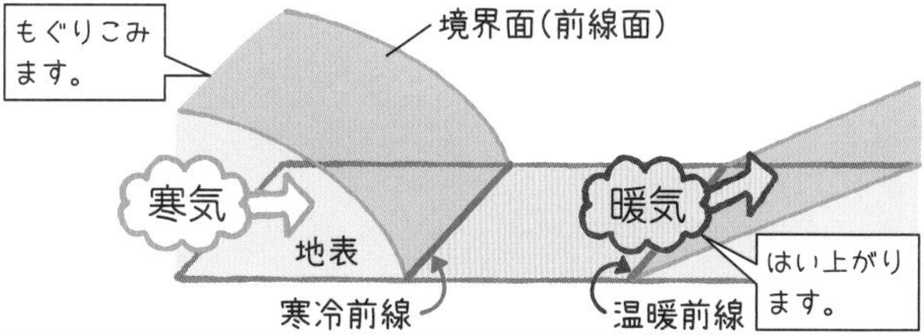
もぐりこみ
ます。
境界面（前線面）
寒気
暖気
地表
寒冷前線
温暖前線
はい上がり
ます。

★今夜のおさらい

風は気圧が高いほうから低いほうへ向かってふきます。等圧線《とうあつせん》の間隔《かんかく》がせまいほど気圧の変化が大きいので，風は強くふきます。

温暖前線は，暖気が寒気の上にはい上がり，寒気を押《お》しながら進む前線です。乱層雲《らんそううん》や高積雲《こうせきうん》などが発生し，長時間おだやかな雨が降ります。寒冷前線は，寒気が暖気の下にもぐりこみ，暖気を押しながら進む前線です。積乱雲が発達し，短時間に大量の雨が降り，かみなりや突風《とっぷう》をともなうこともあります。

●前線の種類

	温暖前線	寒冷前線	停滞前線《ていたいぜんせん》	閉塞《へいそく》前線
記号	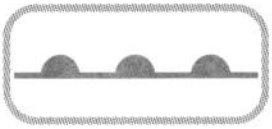	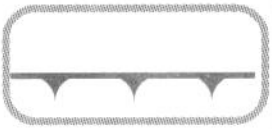	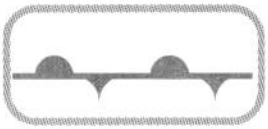	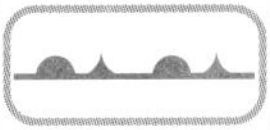

寝る前にもう一度

高気圧は下降気流，低気圧は上昇気流。

寒気の上にはい上がる温暖前線，暖気の下にもぐる寒冷前線。

22. 地学：大気の動きと日本の天気

□ 月 日
□ 月 日

★今夜おぼえること

偏西風《へんせいふう》によって，日本の天気は西から東へ変化。

西
偏西風
東

西から東へふいているよ。

熱帯低気圧《ねったいていきあつ》が発達したものが台風《たいふう》。

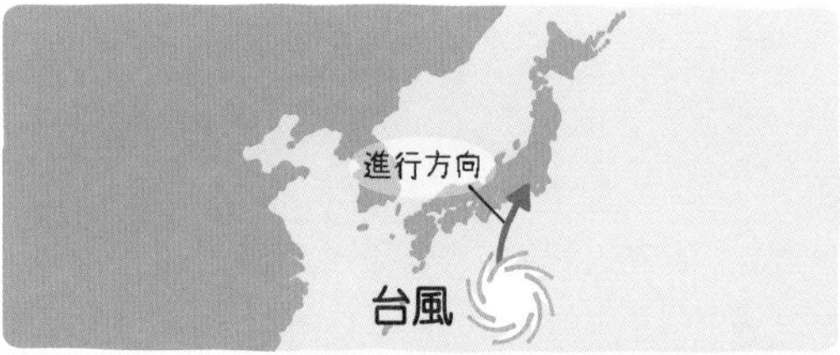
進行方向
台風

台風は，南の海上で発生して日本に接近してくるよ。

★今夜のおさらい

日本の上空では，西から東に向かう偏西風がふいています。その影響《えいきょう》で，低気圧《ていきあつ》や高気圧《こうきあつ》が西から東へと移動していくため，天気も西から東へと変化していきます。

台風は南の海上で発生し，西へ進んで日本に接近します。日本付近では北寄りから東寄りに進路を変えます。最大風速が秒速17.2m以上で，前線をともないません。

台風が日本に接近または上陸して，強風や大雨などの災害《さいがい》をもたらすのは，8～9月に多くなります。

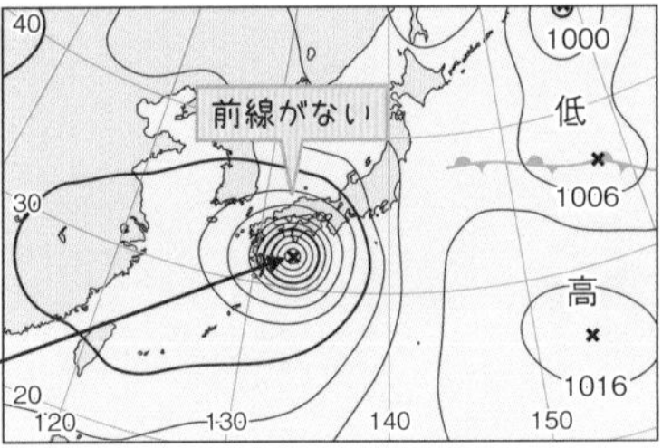

中心の雲のないところを「台風の目」といい，風が弱いよ。

寝る前にもう一度

- 偏西風によって，日本の天気は西から東へ変化。
- 熱帯低気圧が発達したものが台風。

23. 地学：雲のでき方

□ 月 日
□ 月 日

★今夜おぼえること

水滴《すいてき》ができ始める温度は露点《ろてん》。

冷たくて
おいしいネ！
水滴

雲は水滴や氷の粒《つぶ》が上空にうかんだもの。

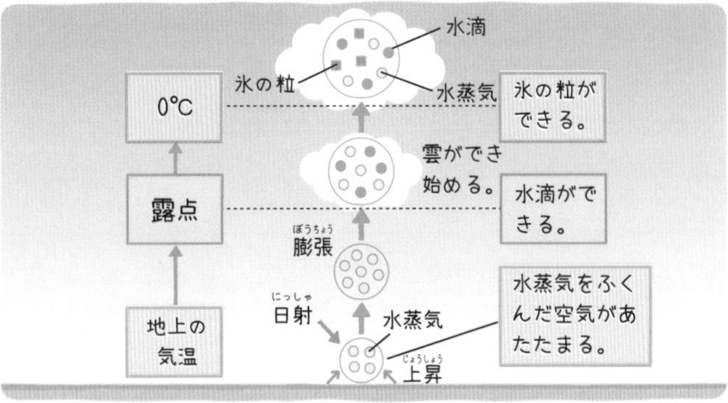

水滴
氷の粒
水蒸気
0℃
氷の粒ができる。
雲ができ始める。
露点
水滴ができる。
膨張《ぼうちょう》
日射《にっしゃ》
水蒸気
水蒸気をふくんだ空気があたたまる。
地上の気温
上昇《じょうしょう》

理科

★今夜のおさらい

空気中の水蒸気が冷やされて水滴に変わることを凝結《ぎょうけつ》といい，そのときの温度を露点といいます。

空気中にふくむことができる水蒸気の量には限度があります。$1m^3$ の空気がふくむことのできる限度の水蒸気の質量を飽《ほう》和《わ》水蒸《すいじょう》気《き》量《りょう》といいます。

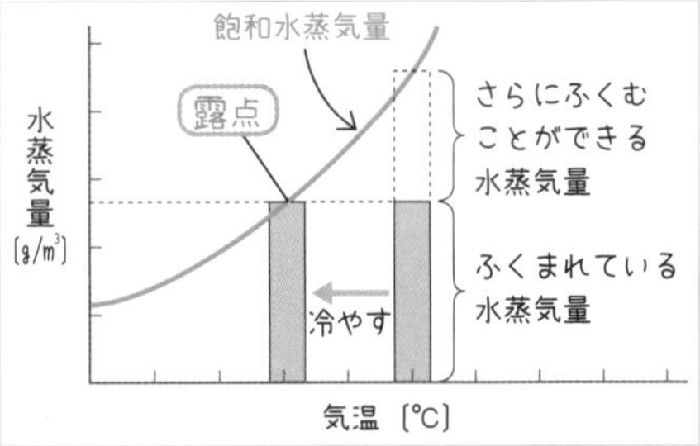
飽和水蒸気量
露点
さらにふくむことができる水蒸気量
ふくまれている水蒸気量
水蒸気量〔g/m³〕
冷やす
気温〔℃〕

空気が上昇すると膨張《ぼうちょう》して温度が下がり，露点より低くなると，空気中の水蒸気が凝結して水滴や氷の粒になり，雲ができます。この水滴や氷の粒が大きくなり，地上に落ちてくると雨や雪になります。

寝る前にもう一度

- 水滴ができ始める温度は露点。
- 雲は水滴や氷の粒が上空にうかんだもの。

★今夜おぼえること

実際の距離《きょり》＝地図上の長さ×縮尺《しゅくしゃく》の分母。

2万5千分の1の縮尺の地形図上で，2cmの長さの実際の距離は，2(cm)×25000＝50000(cm)＝500(m)となるよ。

1/25000 の
地形図だから…

環太平洋《かんたいへいよう》造山帯《ぞうざんたい》とアルプス・ヒマラヤ造山帯。

造山帯（変動帯）の地域では，火山活動が活発で，大きな地《じ》震《しん》が起こることがあるんだよ。

★今夜のおさらい

★地形図などに示される縮尺《しゅくしゃく》は，実際の距離《きょり》を地図上に縮めた割合です。実際の距離は，地図上の長さに縮尺の分母をかけて求めます。

縮　尺	地図上で1cmの長さの実際の距離
2万5千分の1　0　250m　1cm	1cm ×25000＝25000cm＝250m
5万分の1　0　500m　1cm	1cm ×50000＝50000cm＝500m

☽環太平洋《かんたいへいよう》造山帯《ぞうざんたい》にはアンデス山脈，ロッキー山脈，日本列島，フィリピン諸島，ニュージーランドなどが属します。アルプス・ヒマラヤ造山帯にはアルプス山脈，ヒマラヤ山脈，インドネシアなどが属します。

▲二つの造山帯

寝る前にもう一度

- ★実際の距離＝地図上の長さ×縮尺の分母。
- ☽環太平洋造山帯とアルプス・ヒマラヤ造山帯。

2. 地理：日本の地形②，日本の気候　□ 月 日　□ 月 日

★今夜おぼえること

ゴロ合わせ 扇《せん》谷《こく》　河《かわ》三《ぞう》（扇状地《せんじょうち》は谷口，河口に三角州《さんかくす》）。

扇状地は扇《おうぎ》形に広がる緩《ゆる》やかな傾《けい》斜《しゃ》地《ち》，三角州は三角形に似た低くて平らな土地だよ。

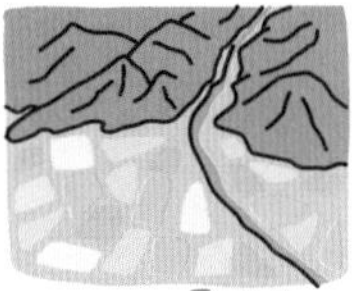

扇状地

三角州

日本では，季節風は夏に南東から，冬に北西から吹《ふ》く。

日本では，夏に太平洋《たいへいよう》から南東の季節風が，冬に大陸から北西の季節風が吹きます。

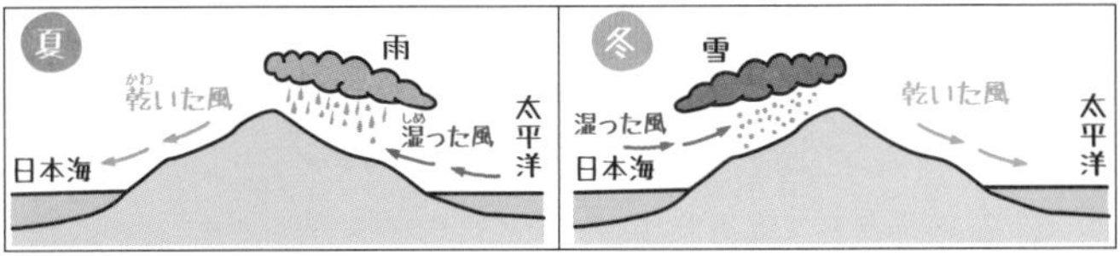

▲夏と冬の季節風

★今夜のおさらい

平地には**平野**や**盆地《ぼんち》**、**台地**などがあります。**扇状地《せんじょうち》**は川が山間部から平地に出るところに、**三角州《さんかくす》**は川が海や湖に出るところに土《ど》砂《しゃ》を積もらせてできた地形です。

盆地
台地
平野
扇状地
三角州

日本では**夏**に太平洋《たいへいよう》から暖かく湿《しめ》った**南東**の**季節風（モンスーン）**が吹《ふ》き、**冬**に大陸から冷たく湿った**北西**の**季節風（モンスーン）**が吹きます。湿った**季節風（モンスーン）**は山地にあたって、その手前に多くの雨や雪を降らせます。

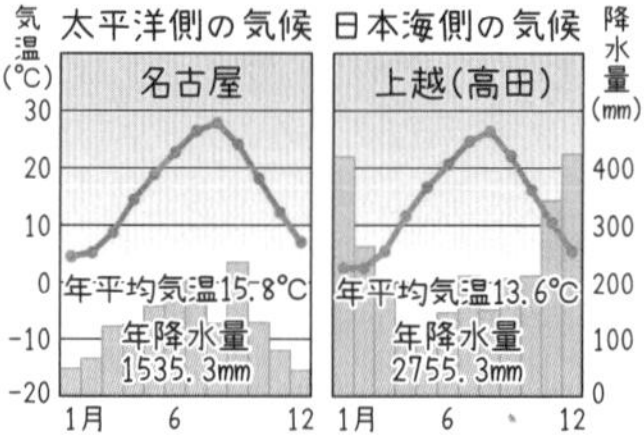

気温（℃）
太平洋側の気候
日本海側の気候
降水量（mm）
名古屋
上越（高田）
30
20
10
0
-10
-20
400
300
200
100
0
年平均気温15.8℃
年降水量
1535.3mm
年平均気温13.6℃
年降水量
2755.3mm
1月
6
12
1月
6
12

▲太平洋側と日本海側の都市の雨温図　（2020年版「理科年表」）

寝る前にもう一度

- 扇谷《せんこく》　河三《かわぞう》（扇状地は谷口，河口に三角州）。
- 日本では，季節風は夏に南東から，冬に北西から吹く。

★今夜おぼえること

🌟地震《じしん》が起きると土砂崩《どしゃくず》れや液状化，津波《つなみ》が発生。

津波は，海底を震源《しんげん》とする地震が起きたときに，発生することがあります。

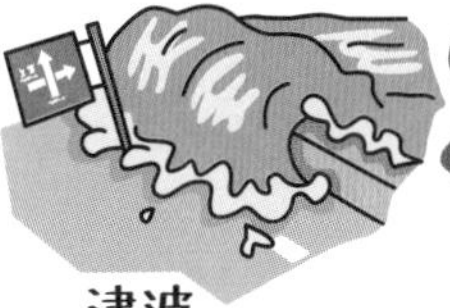

津波

地盤《じばん》の液状化

🌙日本は少子高齢《こうれい》化。三大都市圏《けん》で過密，農村や山間部で過疎《かそ》。

過密地域では，大気汚染《おせん》や交通渋《じゅう》滞《たい》などの問題があります。

50年後,約5人に2人が65歳《さい》以上

通勤ラッシュ

★今夜のおさらい

大きな地震《じしん》が起きたときは，建物が壊《こわ》れるだけでなく，土砂崩《どしゃくず》れや地《じ》盤《ばん》の液状化，津波《つなみ》が発生することがあります。防災や減災のために，施設《しせつ》の整備などが進められています。

▲津波避難《ひなん》タワー

日本では子どもの数が減り，人口に占《し》める高《こう》齢者《れいしゃ》の割合が増え，少子高齢化が進んでいます。東京・大阪・名古屋《なごや》の三大都市圏《けん》では過密の問題，農村や山間部，離島《りとう》では過疎《かそ》の問題があります。

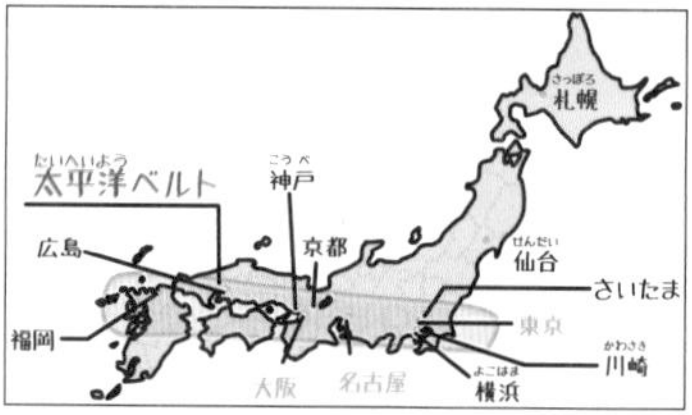

▲人口が多い主な都市

寝る前にもう一度

- 地震が起きると土砂崩れや液状化，津波が発生。
- 日本は少子高齢化。三大都市圏で過密，農村や山間部で過疎。

★今夜おぼえること

発電は，水力・火力・原子力・太陽光・風力・地熱など。

太陽光，風力，地熱は再生可能エネルギーと呼ばれ，環境《かんきょう》にやさしいんだよ。

風力発電

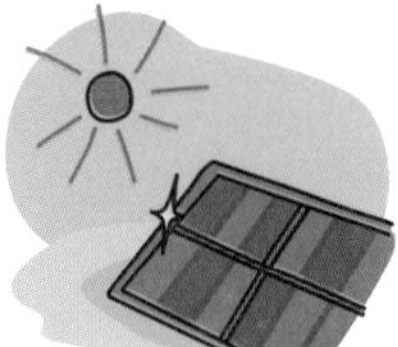

太陽光発電

大都市近くで近郊《きんこう》農業，宮崎・高知平野で促成栽培《そくせいさいばい》。

近郊農業

促成栽培

★今夜のおさらい

主な発電方法は水力・火力・原子力ですが，問題点もあるため，近年太陽光・風力・地熱などの繰《く》り返し利用できる再生可能エネルギーが注目されています。

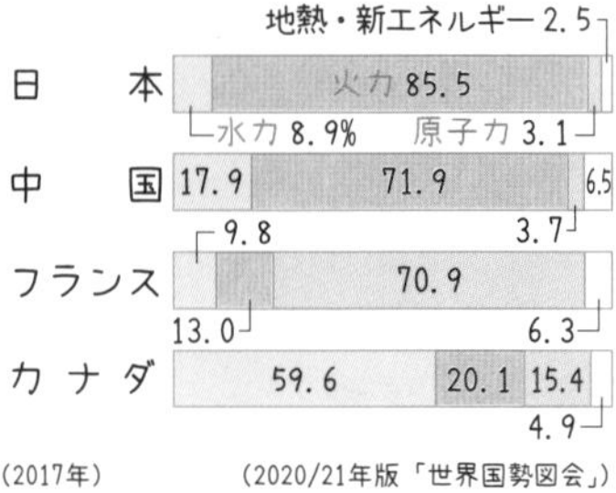
地熱・新エネルギー 2.5
日本
火力 85.5
水力 8.9%
原子力 3.1
中国
17.9
71.9
6.5
3.7
9.8
フランス
70.9
13.0
6.3
カナダ
59.6
20.1
15.4
4.9
(2017年)
(2020/21年版「世界国勢図会」)

▲主な国の発電エネルギー源別割合

大都市近くで大都市向けに野菜や花を生産する近郊《きんこう》農業，宮崎平野・高知平野などでは冬でも温暖な気候をいかし，ビニールハウスなどで野菜の生育を早める促成栽培《そくせいさいばい》がさかんです。

促成栽培でほかの地域と出荷時期をずらすことにより，高い値段で売ることができるよ。

寝る前にもう一度

- 発電は，水力・火力・原子力・太陽光・風力・地熱など。
- 大都市近くで近郊農業，宮崎・高知平野で促成栽培。

★今夜おぼえること

工業の中心は太平洋《たいへいよう》ベルト。加工貿易《ぼうえき》で発展→貿易摩擦《まさつ》・現地生産→産業の空洞化《くうどうか》。

外国で生産するほうが費用が安いため現地生産が進み，国内の産業の空洞化が問題となっています。

重くてかさばる物は船，軽くて高価な物は航空機で輸送。

海上輸送

コンテナ船

タンカー

航空輸送

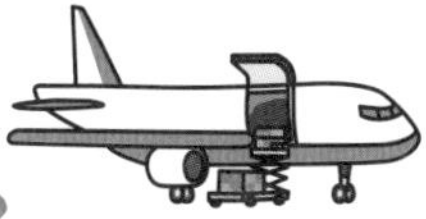

★今夜のおさらい

工業は太平洋《たいへいよう》ベルトでさかんです。日本は加工貿易で発展してきましたが，貿易摩《ま》擦《さつ》が起こり，現地生産が進んだことなどから，産業の空洞化《くうどうか》が問題となっています。

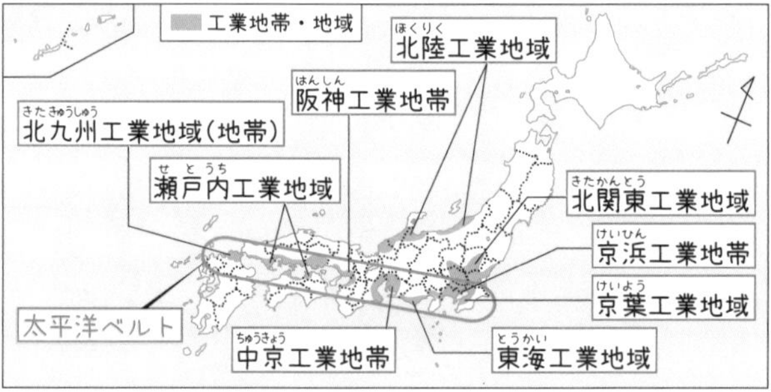

工業地帯・地域
北陸《ほくりく》工業地域
阪神《はんしん》工業地帯
北九州《きたきゅうしゅう》工業地域（地帯）
瀬戸内《せとうち》工業地域
北関東《きたかんとう》工業地域
京浜《けいひん》工業地帯
京葉《けいよう》工業地域
太平洋ベルト
中京《ちゅうきょう》工業地帯
東海《とうかい》工業地域

▲日本の主な工業地帯・地域

石油や自動車などの重くてかさばる物は，主に船を利用した海上輸送，電子部品などの軽くて高価な物や，新鮮《しんせん》さが重要な食品などは主に航空機を利用した航空輸送で運ばれます。

寝る前にもう一度

- 工業の中心は太平洋ベルト。加工貿易で発展→貿易摩擦・現地生産→産業の空洞化。
- 重くてかさばる物は船，軽くて高価な物は航空機で輸送。

6. 地理：九州《きゅうしゅう》地方

□　　月　　日
□　　月　　日

★今夜おぼえること

🌟阿蘇山《あそさん》にカルデラ。火山が多く，地熱発電に利用。

九州地方には桜島《さくらじま》や雲仙《うんぜん》岳《だけ》，阿蘇山などの火山がたくさんあるよ。

桜島

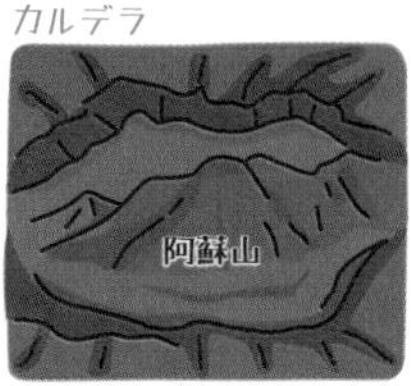

カルデラ
阿蘇山

🌙宮崎平野で促成栽培《そくせいさいばい》，シラス台地で畜産《ちくさん》，九州各地にIC工場や自動車工場。

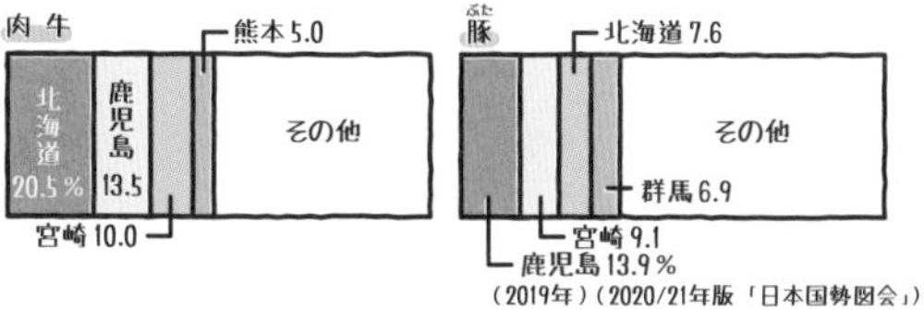

肉牛
北海道 20.5％
鹿児島 13.5
宮崎 10.0
熊本 5.0
その他
豚《ぶた》
鹿児島 13.9％
宮崎 9.1
北海道 7.6
群馬 6.9
その他
（2019年）（2020/21年版「日本国勢図会」）

▲肉牛と豚の飼育頭数の都道府県別割合

★今夜のおさらい

九州《きゅうしゅう》地方には**火山**が多く，**温泉**などの観光資源や地熱発電に利用されています。**阿蘇山**《あそさん》には世界最大級のカルデラがあります。しかし，火山は噴《ふん》火《か》により災害《さいがい》を引き起こすことがあります。

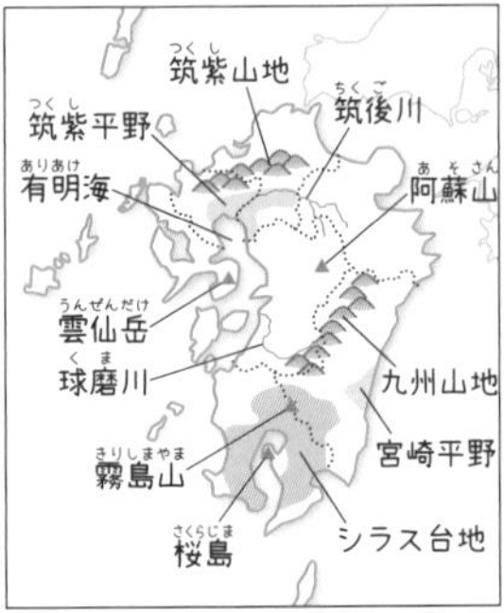

▲九州地方の地形

宮崎平野で野菜の促《そく》成栽培《せいさいばい》，シラス台地で肉牛や豚《ぶた》，肉用にわとりを飼育する**畜産**《ちくさん》がさかんです。九州各地にはIC(集積回路)工場や自動車工場が進出しています。

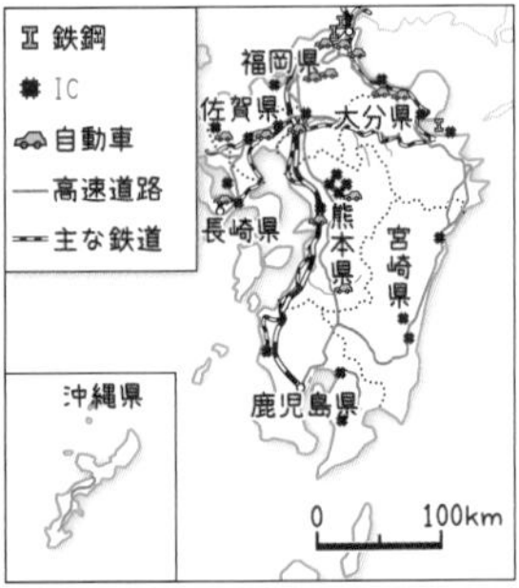

▲九州地方の主な工業と交通網《もう》

寝る前にもう一度

- 阿蘇山にカルデラ。火山が多く，地熱発電に利用。
- 宮崎平野で促成栽培，シラス台地で畜産，九州各地にIC工場や自動車工場。

7. 地理：中国《ちゅうごく》・四国《しこく》地方

□　月　日
□　月　日

★今夜おぼえること

瀬戸内《せとうち》工業地域に石油化学コンビナート。

石油化学コンビナートは石油精製工場と石油化学工場，火力発電所などが結びついて，効率《こうりつ》よく生産しているよ。

石油化学コンビナート

山間部で過疎《かそ》。地産地消《ちさんちしょう》などの町おこし・村おこし。

（地域おこし）

インターネットを利用して，特産品を販売《はんばい》したり，地域の魅力《みりょく》を発信したりしているよ。

社会

★今夜のおさらい

瀬戸内海《せとないかい》沿岸には瀬戸内《せとうち》工業地域が発達していて，石油化学工業や鉄鋼業などがさかんです。岡山県の倉敷《くらしき》市水島《みずしま》地区や山口県の周南《しゅうなん》市などには，原料・燃料・製品で関連のある工場が結びついた石油化学コンビナートがあります。

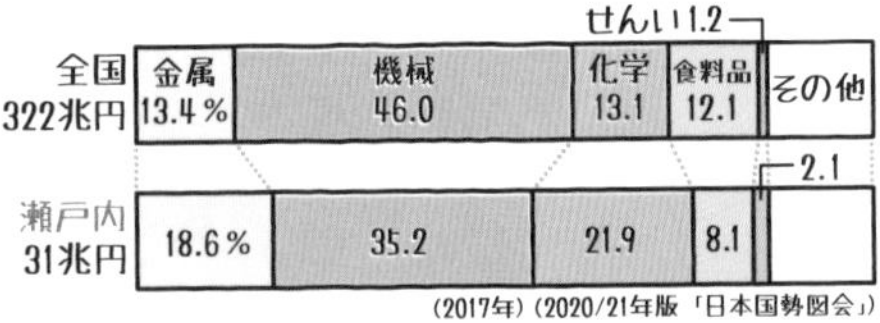

せんい1.2
全国
322兆円
金属
13.4％
機械
46.0
化学
13.1
食料品
12.1
その他
2.1
瀬戸内
31兆円
18.6％
35.2
21.9
8.1
（2017年）（2020/21年版「日本国勢図会」）

▲全国と瀬戸内工業地域の工業生産額の割合

中国《ちゅうごく》・四国《しこく》地方の山間部や離島《りとう》では過疎《かそ》の問題が深刻ですが，地産地消《ちさんちしょう》や特産品のブランド化などの町おこし・村おこし（地域おこし）に取り組んでいる地域もあります。

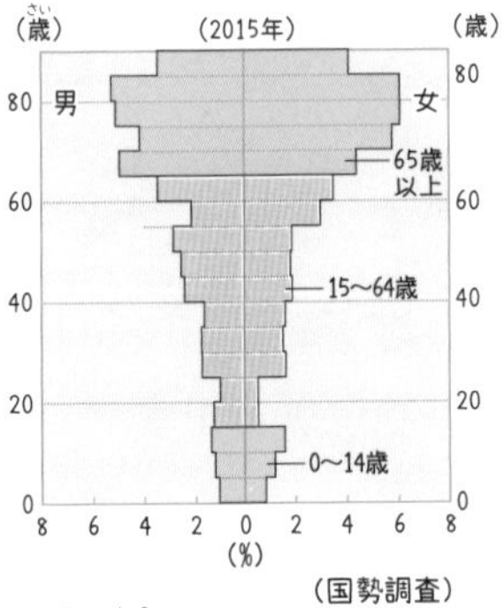

（歳《さい》）
（2015年）
（歳）
男
女
65歳
以上
15〜64歳
0〜14歳
80
60
40
20
0
8 6 4 2 0 2 4 6 8
（%）
（国勢調査）

▲上勝町《かみかつちょう》（徳島県）の人口構成

寝る前にもう一度

- 瀬戸内工業地域に石油化学コンビナート。
- 山間部で過疎。地産地消などの町おこし・村おこし（地域おこし）。

★今夜おぼえること

日本最大の琵琶湖《びわこ》から淀《よど》川。紀伊《きい》山地で林業がさかん。

紀伊山地は古くから林業がさかんで，吉野《よしの》すぎや尾鷲《おわせ》ひのきが有名だよ。だけど，あとつぎ不足などが課題なんだ。

大阪は大阪大都市圏《けん》の中心。阪神《はんしん》工業地帯に中小企業《きぎょう》。

阪神工業地帯には中小企業の町工場が多いんだ。協力して人工衛星を生産した工場もあるんだよ。

人工衛星「まいど1号」

社会

★今夜のおさらい

近畿《きんき》地方には日本最大の琵琶湖《びわこ》があり，そこから流れ出す淀《よど》川が大阪湾《わん》に注いでいます。降水量が多く木の生育に適した紀伊《きい》山地では，古くから**林業**がさかんです。

日本海
若狭湾《わかさわん》
琵琶湖
播磨《はりま》平野
淀川
大阪平野
大阪湾
奈良盆地
伊勢《いせ》平野
志摩《しま》半島
淡路島《あわじしま》
紀伊山地
紀伊《きい》半島
太平洋

▲近畿地方の地形

大阪を中心に**神戸《こうべ》**や**京都**にかけては人口が集中し，大阪（京阪神《けいはんしん》）大都市圏《けん》が形成されています。大阪湾沿岸を中心に阪神工業地帯が発達し，内陸部には中小企業《きぎょう》の町工場が多くあります。

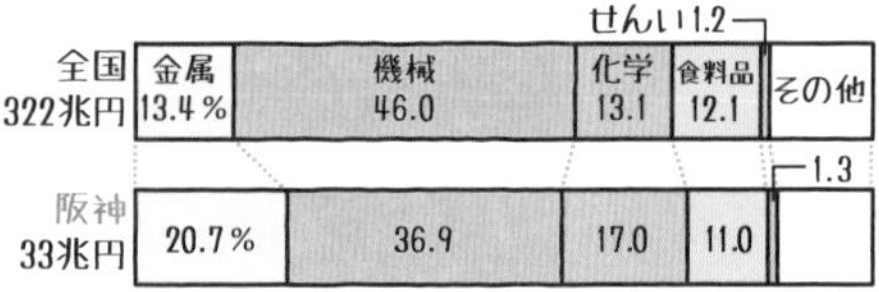

せんい1.2
全国
322兆円
金属
13.4％
機械
46.0
化学
13.1
食料品
12.1
その他
1.3
阪神
33兆円
20.7％
36.9
17.0
11.0

（2017年）（2020/21年版「日本国勢図会」）

▲全国と阪神工業地帯の工業生産額の割合

寝る前にもう一度

- 日本最大の琵琶湖から淀川。紀伊山地で林業がさかん。
- 大阪は大阪大都市圏の中心。阪神工業地帯に中小企業。

★今夜おぼえること

日本アルプスは飛驒《ひだ》・木曽《きそ》・赤石《あかいし》山脈。渥美《あつみ》半島で施設《しせつ》園芸農業がさかん。

施設園芸農業とはビニールハウスや温室で行う園芸農業のことだよ。

日本アルプス

電照菊《でんしょうぎく》

中京《ちゅうきょう》工業地帯で自動車，東《と》海《かい》工業地域でオートバイ。

東海工業地域では，浜松《はままつ》市でオートバイや楽器の生産がさかんだよ。

中京工業地帯

自動車

東海工業地域

オートバイ

楽器

★今夜のおさらい

中部《ちゅうぶ》地方には飛騨《ひだ》山脈・木曽《きそ》山脈・赤石《あかいし》山脈の日本アルプス(日本の屋根)が連なります。

渥美《あつみ》半島ではビニールハウスなどを使った施設《しせつ》園芸農業がさかんで，温室メロンや電照菊《でんしょうぎく》が栽培《さいばい》されています。

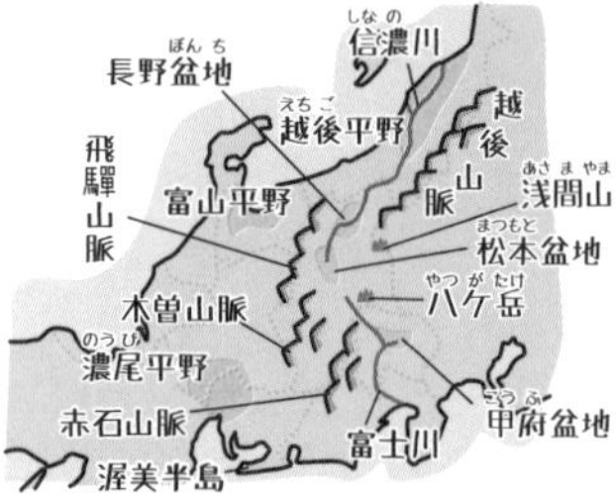
信濃《しなの》川
長野盆地《ぼんち》
越後《えちご》平野
越後山脈
飛騨山脈
富山平野
浅間山《あさまやま》
松本《まつもと》盆地
八ケ岳《やつがたけ》
木曽山脈
濃尾《のうび》平野
甲府《こうふ》盆地
赤石山脈
富士川
渥美半島

▲中部地方の地形

中京《ちゅうきょう》工業地帯は愛知県名古屋《なごや》市を中心に形成され，豊田《とよた》市で自動車工業がさかんです。東海《とうかい》工業地域は静岡県の沿岸部に形成され，浜松《はままつ》市で楽器やオートバイの生産がさかんです。

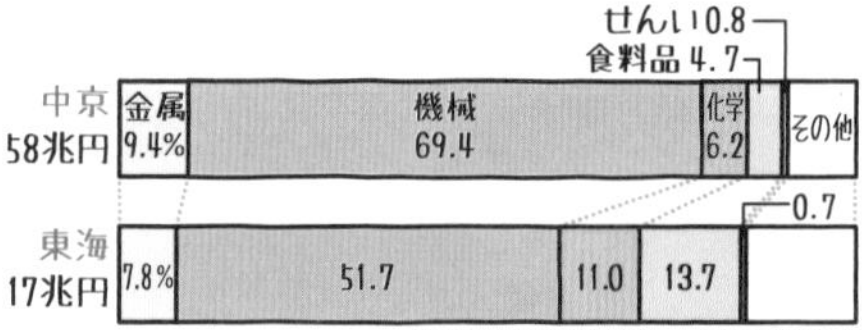
せんい0.8
食料品4.7
中京
58兆円
金属
9.4%
機械
69.4
化学
6.2
その他
0.7
東海
17兆円
7.8%
51.7
11.0
13.7

(2017年)(2020/21年版「日本国勢図会」)

▲中京工業地帯と東海工業地域の工業生産額の割合

寝る前にもう一度

- 日本アルプスは飛騨・木曽・赤石山脈。渥美半島で施設園芸農業がさかん。
- 中京工業地帯で自動車，東海工業地域でオートバイ。

★今夜おぼえること

首都・東京を中心に東京大都市圏《けん》。周辺で近郊《きんこう》農業。

日本の首都・東京には国会議事堂や中央官庁，最高裁判所などの国の中枢《ちゅうすう》機能が集中しています。

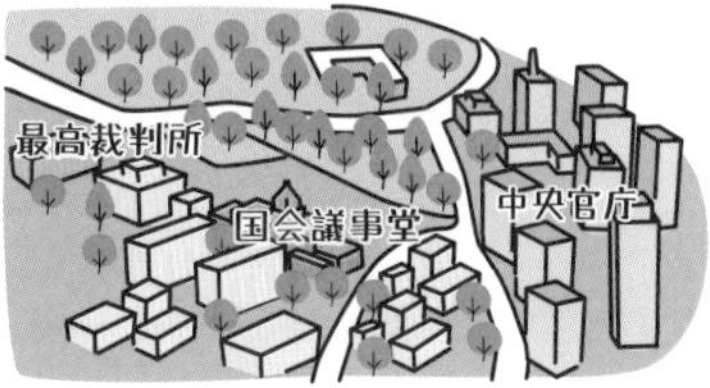

京浜《けいひん》工業地帯で機械工業・印刷業，京葉《けいよう》工業地域で石油化学工業・鉄鋼業。

京浜工業地帯は東京都・神奈川県・埼玉県，京葉工業地域は千葉県の東京湾岸《わんがん》に形成されていて，ほかに北関東《きたかんとう》工業地域も発達しているよ。

東京では印刷業がさかん

★今夜のおさらい

🌟関東《かんとう》地方では，日本の首都・東京を中心に東京大都市圏《けん》が形成され，人口が集中しています。周辺の県では，大都市向けに野菜などを生産する近郊《きんこう》農業がさかんです。

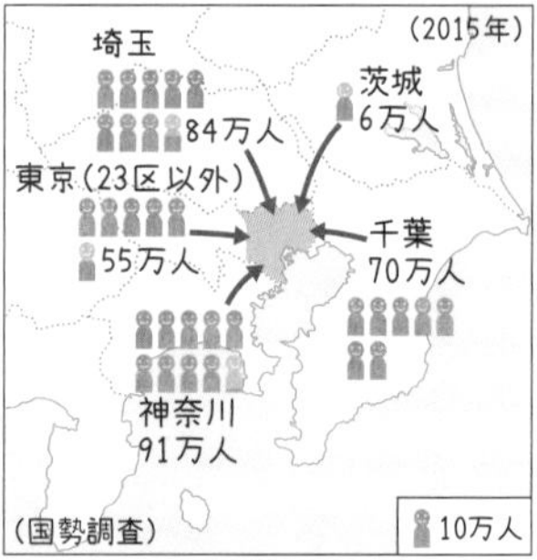

▲東京23区への通勤・通学者数

🌙京浜《けいひん》工業地帯では機械工業や印刷業，京葉《けいよう》工業地域では石油化学工業や鉄鋼業がさかんです。北関東《きたかんとう》工業地域には電気機械や自動車，食品などの工場が多く進出しています。

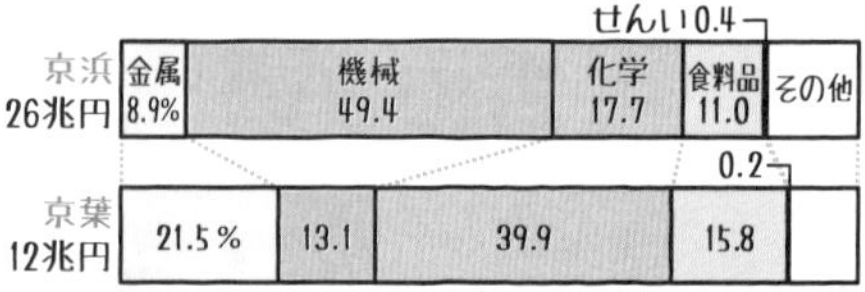

(2017年)(2020/21年版「日本国勢図会」)

▲京浜工業地帯と京葉工業地域の工業生産額の割合

寝る前にもう一度

🌟首都・東京を中心に東京大都市圏。周辺で近郊農業。

🌙京浜工業地帯で機械工業・印刷業，京葉工業地域で石油化学工業・鉄鋼業。

★今夜おぼえること

★三陸海岸《さんりく》にリアス海岸。夏にやませが吹《ふ》くと冷害が発生。

東北地方の太平洋側《たいへいようがわ》に広がる三陸海岸の南部は，海岸線が複雑に入り組んだリアス海岸となっているんだよ。

三陸海岸

☾東北地方は稲作《いなさく》がさかん。三陸沖《おき》に潮境《しおざかい》。青森のりんご，山形のさくらんぼ。

三陸海岸沖には，暖流の黒潮《くろしお》と寒流の親潮《おやしお》が出合う潮境（潮目《しおめ》）があるよ。三陸海岸には良港が多くて，養《よう》殖《しょく》（業）も行われているよ。

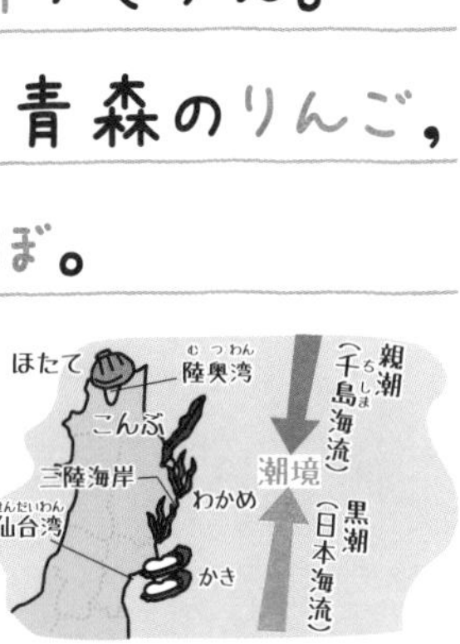
ほたて
陸奥湾《むつわん》
こんぶ
三陸海岸
わかめ
仙台湾《せんだいわん》
かき
親潮
（千《ち》島《しま》海流）
潮境
黒潮
（日本海流）

★今夜のおさらい

東北《とうほく》地方の太平洋側《たいへいようがわ》の三陸《さんりく》海岸南部は，海岸線が入り組んだリアス海岸になっています。

太平洋側は，夏に冷たい北東風のやませが吹《ふ》くと気温が下がり，稲《いね》などが育たなくなる冷害が起こることがあります。

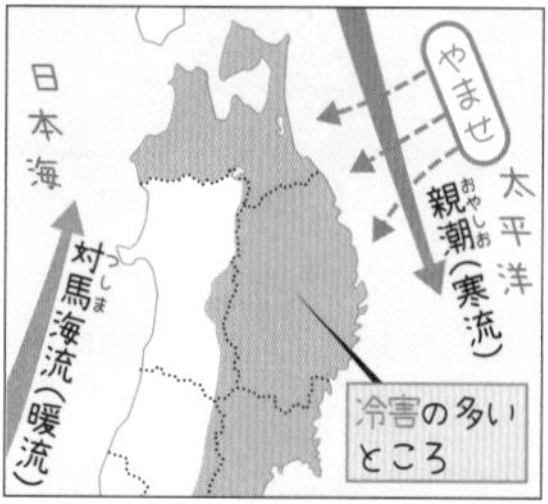
日本海
やませ
太平洋
親潮《おやしお》（寒流）
対馬《つしま》海流（暖流）
冷害の多いところ

▲やませと冷害の多いところ

東北地方は稲作《いなさく》がさかんで，日本の穀倉《こくそう》地帯となっています。三陸沖には潮境《しおざかい》（潮《しお》目《め》）があり，よい漁場となっています。青森県ではりんご，山形県ではさくらんぼの栽培《さいばい》がさかんです。

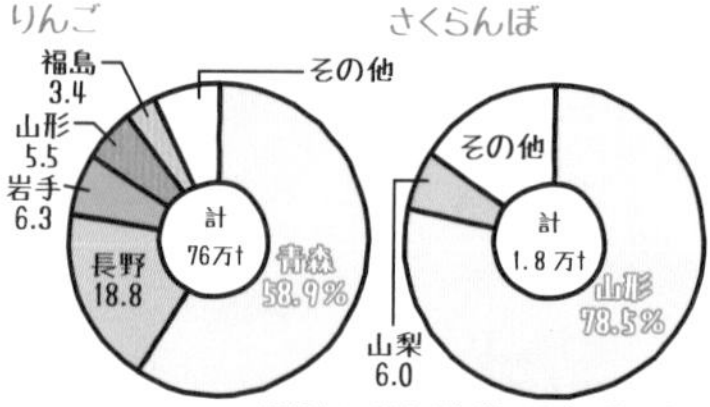
りんご
福島 3.4
山形 5.5
岩手 6.3
長野 18.8
その他
計 76万t
青森 58.9%
さくらんぼ
その他
計 1.8万t
山形 78.5%
山梨 6.0

（2018年）（2020/21年版「日本国勢図会」）

▲東北地方で栽培がさかんなくだものの生産量の都道府県別割合

寝る前にもう一度

- 三陸海岸にリアス海岸。夏にやませが吹くと冷害が発生。
- 東北地方は稲作がさかん。三陸沖に潮境。青森のりんご，山形のさくらんぼ。

★今夜おぼえること

✪北海道には多くの国立公園。自然を学ぶエコツーリズム。

世界遺産《いさん》の知床《しれとこ》やオホーツク海の流氷が観光客に人気だよ。外国人観光客も多いんだ。

知床

流氷観光

☽石狩《いしかり》平野で稲作《いなさく》，十勝《とかち》平野で畑作，根釧《こんせん》台地で酪農《らくのう》。

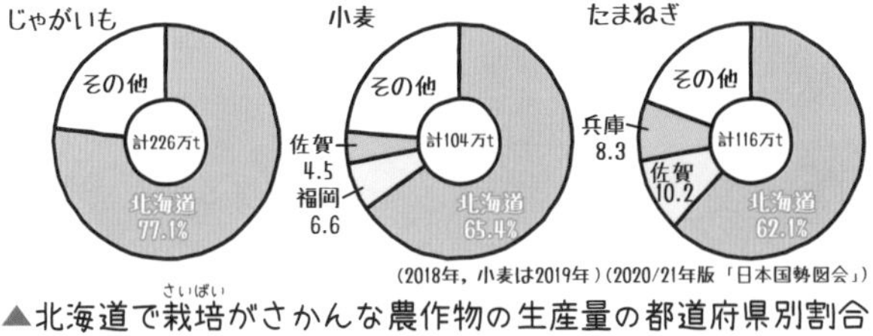
じゃがいも
その他
計226万t
北海道
77.1%
小麦
その他
計104万t
佐賀
4.5
福岡
6.6
北海道
65.4%
たまねぎ
その他
兵庫
8.3
計116万t
佐賀
10.2
北海道
62.1%

（2018年，小麦は2019年）（2020/21年版「日本国勢図会」）

▲北海道で栽培《さいばい》がさかんな農作物の生産量の都道府県別割合

★今夜のおさらい

北海道には雄大な自然が残り，国立公園に指定されている地域も多くあります。国内外から観光客がやってきて，自然環境《かんきょう》を体験したり学んだりするエコツーリズム（エコツアー）が広がっています。

北海道では石狩《いしかり》平野や上川盆地《かみかわぼんち》で稲作《いなさく》，十《と》勝《かち》平野で畑作，根釧《こんせん》台地で酪農《らくのう》がさかんです。じゃがいもや小麦，たまねぎなど生産量全国一の農作物がたくさんあります。

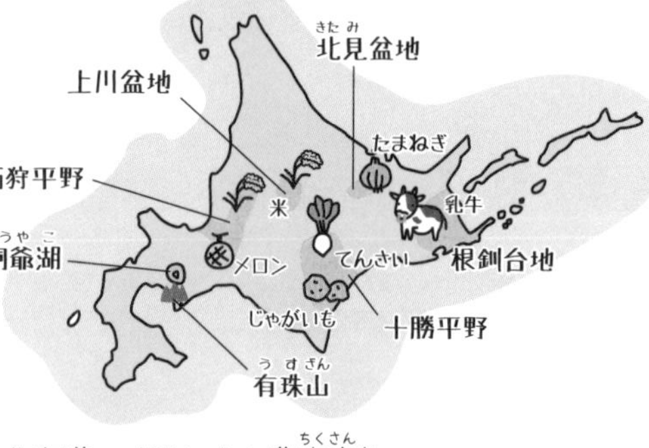
北見《きたみ》盆地
上川盆地
たまねぎ
石狩平野
米
乳牛
洞爺湖《とうやこ》
メロン
てんさい
根釧台地
じゃがいも
十勝平野
有珠山《うすざん》

▲北海道の地形と主な農畜産《ちくさん》物

寝る前にもう一度

- 北海道には多くの国立公園。自然を学ぶエコツーリズム。
- 石狩平野で稲作，十勝平野で畑作，根釧台地で酪農。

13. 歴史：ヨーロッパ世界の成立と発展

□　月　日
□　月　日

★今夜おぼえること

コロンブスによりアメリカ大陸への航路が開かれた。

　1492年，コロンブスはアジアを目指してアメリカ大陸付近の島に着いたんだ。

ここは
インドのはず。
?

宣教師《せんきょうし》ザビエルは，日本にキリスト教を伝えた。

　フランシスコ＝ザビエルはイエズス会の宣教師で，インドや東南アジアで布教していたよ。

神はみなさんを
救ってくださいます。

★今夜のおさらい

1492年，コロンブスは西回りでアジア航路を開こうとしてアメリカ大陸に近い島に着きました。その後，バスコ＝ダ＝ガマ，マゼランの船隊も新航路を開拓《かいたく》しました。

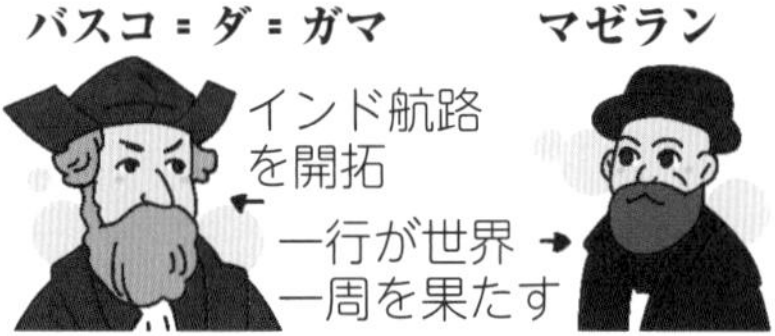
バスコ＝ダ＝ガマ
マゼラン
インド航路を開拓
一行が世界一周を果たす

ザビエル（フランシスコ＝ザビエル）は，キリスト教のカトリック教会の勢力を立て直そうとして海外布教を進め，1549年に来日してキリスト教を伝えました。

キリスト教伝来の前，1543年に鉄《てつ》砲《ぼう》が伝来したこともおぼえよう。

寝る前にもう一度

- コロンブスによりアメリカ大陸への航路が開かれた。
- 宣教師ザビエルは，日本にキリスト教を伝えた。

★今夜おぼえること

織田信長《おだのぶなが》は楽市《らくいち》・楽座《らくざ》を行い，商工業をさかんにした。

市場の税を免除《めんじょ》する。座の特権も廃止《はいし》するぞ。
自由に商売ができるんだな。

ゴロ合わせ　秀吉《ひでよし》の政策

けん（太閤検地《たいこうけんち》）か（刀狩《かたながり》）の好きな豊臣《とよとみ》秀吉。

豊臣秀吉は太閤検地と刀狩で土地と農民を支配したよ。

刀狩
すべての武器を差し出せ。

社会

★今夜のおさらい

全国統一を目指した**織田信長**《おだのぶなが》は，安土城下《あづち》で**楽市**《らくいち》・**楽座**《らくざ》によって誰《だれ》でも自由に商工業を行えるようにするなど新しい政策を進めました。

信長の政治

- 室町幕府《むろまちばくふ》を滅《ほろ》ぼした。
- 新しい武器の鉄砲《てっぽう》を合戦で活用。
- キリスト教を保護《ほご》し，仏教《ぶっきょう》勢力を押《お》さえた。

豊臣秀吉《とよとみひでよし》は年貢《ねんぐ》を確実に徴収《ちょうしゅう》するため，**太閤**《たいこう》**検地**《けんち》で農民に年貢納入の義務を負わせ，**刀狩**《かたながり》で農民の武器を取り上げて一揆《いっき》を防ぎました。

刀狩令（一部要約）

諸国の百姓《ひゃくしょう》が刀やわきざし，弓《ゆみ》，槍《やり》，鉄砲，そのほかの武具などを持つことは，固く禁止する。

これらの政策によって武士と百姓《ひゃくしょう》の身分の区別がはっきりし，兵農分離《へいのうぶんり》が進んだよ。

寝る前にもう一度

- 織田信長は楽市・楽座を行い，商工業をさかんにした。
- 豊臣秀吉の政策は，「けん（太閤検地）か（刀狩）の好きな豊臣秀吉」。

★今夜おぼえること

★江戸幕府《えどばくふ》は，大名《だいみょう》統制のため武家諸法度《ぶけしょはっと》を定めた。

鎌倉《かまくら》時代に定められた御成敗《ごせいばい》式目《しきもく》（貞永《じょうえい》式目）や江戸時代に定められた公事方《くじかた》御定書《おさだめがき》とまちがえないこと。

これに違反《いはん》したら領地は没収《ぼっしゅう》じゃ。
武家諸法度

☾江戸幕府は鎖国《さこく》中，長崎でオランダと中国に限って貿易《ぼうえき》を行った。

オランダには長崎の出島《でじま》で貿易を認《みと》める。

★今夜のおさらい

江戸幕府《えどばくふ》は，参勤交代《さんきんこうたい》など大名《だいみょう》が守るべきことを示した武家諸法度《ぶけしょはっと》を定めました。

武家諸法度（一部要約）

一、文武弓馬《ぶんぶきゅうば》の道にはげむこと。

一、毎年4月中に江戸へ参勤せよ。

参勤
交代
1年ごとに領国と江戸に交互《こうご》に住むように。
大名

江戸幕府は，1639年にポルトガル船の来航を禁じ，1641年には平戸《ひらど》のオランダ商館を長崎の出島《でじま》に移し鎖国《さこく》を完成させました。鎖国下では，中国のほか，ヨーロッパのオランダと長崎で貿易《ぼうえき》を行いました。

寝る前にもう一度

- 江戸幕府は，大名統制のため武家諸法度を定めた。
- 江戸幕府は鎖国中，長崎でオランダと中国に限って貿易を行った。

16. 歴史：元禄文化と享保の改革

□　月　日
□　月　日

★今夜おぼえること

元禄《げんろく》文化は上方《かみがた》（京都・大阪）中心に栄えた町人文化。

19世紀初めごろ江戸《えど》中心に栄えた化政《かせい》文化と混同しないこと。

このころは
われわれ町人が
成長したんだ。

ゴロ合わせ　享保《きょうほう》の改革《かいかく》

競歩（享保の改革）は9時（公《く》事《じ》方《かた》御《お》定書《さだめがき》）に出発。

徳川吉宗《とくがわよしむね》による政治改革を享保の改革というよ。このとき公事方御定書が定められたんだ。

公正な裁判を
行うための法令集じゃ。
公事方御定書

★今夜のおさらい

17世紀末～18世紀初め，京都・大阪の上方《かみがた》を中心に，元禄《げんろく》文化と呼ばれる町人文化が発達しました。

井原西鶴《いはらさいかく》　近松門左衛門《ちかまつもんざえもん》　松尾芭蕉《まつおばしょう》

浮世草子《うきよぞうし》(小説)
人形浄瑠璃《にんぎょうじょうるり》の脚本《きゃくほん》
俳諧《はいかい》(俳句《はいく》)

徳川吉宗《とくがわよしむね》の享保《きょうほう》の改革《かいかく》では公事方御定書《くじかたおさだめがき》という法令集が定められ，民衆の意見を聞くために目安箱《めやすばこ》が設《もう》けられました。

要望を投書しよう。
目安箱

寝る前にもう一度

- 元禄文化は上方（京都・大阪）中心に栄えた町人文化。
- 享保の改革の内容は，「競歩（享保の改革）は9時（公事方御定書）に出発」。

17. 歴史：学問の発達と幕府政治のくずれ

□　月　日
□　月　日

★今夜おぼえること

杉田玄白《すぎたげんぱく》は『解体新書《かいたいしんしょ》』を出版し，蘭学《らんがく》発展の基礎《きそ》を築いた。

『解体新書』はオランダ語の人体解剖《かいぼう》書《しょ》を翻訳《ほんやく》した本だよ。

西洋の医学書は正確だ。
われわれで翻訳しよう。
杉田玄白
前野良沢《まえのりょうたく》

老中《ろうじゅう》の水野忠邦《みずのただくに》は天保《てんぽう》の改革《かいかく》で株仲間《かぶなかま》を解散させた。

営業を独占《どくせん》している株仲間は解散！
大商人
水野忠邦

★今夜のおさらい

1️⃣ 18世紀後半，杉田玄白《すぎたげんぱく》らはオランダ語の人体解剖書《かいぼうしょ》を翻訳《ほんやく》し『解体新書《かいたいしんしょ》』として出版しました。こののち，オランダ語で西洋の学問を研究する蘭学《らんがく》がさかんになりました。

蘭学を学んで
もっと西洋のことを知ろう。

2️⃣ 1841年，老中《ろうじゅう》水野忠邦《みずのただくに》は，倹約《けんやく》をすすめたほか，物価を引き下げるため，株仲間《かぶなかま》を解散させるなどの天保《てんぽう》の改革を始めました。しかし，人々の反発を受け，2年余りで失敗に終わりました。

幕政の改革《かいかく》を行った人物

享保《きょうほう》の改革…徳川吉宗《とくがわよしむね》
寛政《かんせい》の改革…松平定信《まつだいらさだのぶ》
天保の改革…水野忠邦

寝る前にもう一度

- 杉田玄白は『解体新書』を出版し，蘭学発展の基礎《きそ》を築いた。
- 老中の水野忠邦は天保の改革で株仲間を解散させた。

18. 歴史：開国と幕府の滅亡《めつぼう》

□ 月 日
□ 月 日

★今夜おぼえること

1854年，江戸幕府《えどばくふ》はペリーと日米和親《にちべいわしん》条約を結んだ。

やむをえん。
下田《しもだ》と函館《はこだて》の港を開こう。
幕府
開国を要求する！
ペリー

1867年，徳川慶喜《とくがわよしのぶ》は大政《たいせい》奉還《ほうかん》で政権を朝廷《ちょうてい》に返上した。

協力して幕府をたおそう。
政権を朝廷に返上する。
徳川慶喜
薩摩藩《さつまはん》
長州《ちょうしゅう》藩

★今夜のおさらい

1853年，アメリカの東インド艦隊《かんたい》司令長官ペリーが来航して開国を要求。幕府《ばくふ》はこれを受け入れ，翌年《よくねん》，日米和親《にちべいわしん》条約を結び下田《しもだ》（静岡県）と函館《はこだて》（北海道）を開港しました。

1858年の日米修好通商《にちべいしゅうこうつうしょう》条約とまちがえないようにね。

開国後，倒幕《とうばく》運動が高まる中で，徳川慶喜《とくがわよしのぶ》は大政奉還《たいせいほうかん》を行い，続いて，天皇《てんのう》中心の政治にもどすことを宣言《せんげん》した王政復古《おうせいふっこ》の大《だい》号令《ごうれい》が出されて江戸《えど》幕府は滅《ほろ》びました。

歴史の流れ

1866年　薩長《さっちょう》同盟成立
↓
1867年　大政奉還
↓
王政復古の大号令
↓
明治政府成立へ

寝る前にもう一度

- 1854年，江戸幕府はペリーと日米和親条約を結んだ。
- 1867年，徳川慶喜は大政奉還で政権を朝廷《ちょうてい》に返上した。

19. 歴史：明治維新《いしん》

□　月　日
□　月　日

★今夜おぼえること

版籍奉還《はんせきほうかん》と廃藩置県《はいはんちけん》で中央集権国家の基礎《きそ》が確立した。

版籍奉還
廃藩置県
政府
藩主《はんしゅ》
土地と人民
（版）　（籍）
私が治める。
政府が派遣《はけん》した
府知事・県令《けんれい》
元の藩主

明治政府は財政を安定させるため、地租改正《ちそかいせい》を行った。

江戸時代は
地租改正後は
収穫物《しゅうかく》で
年貢《ねんぐ》を納めた
現金で
地租を納めた

★今夜のおさらい

明治《めいじ》政府は，1869年の版籍奉還《はんせきほうかん》に続いて1871年に廃藩置県《はいはんちけん》を行い，政府が全国を直接治める**中央集権国家**のしくみをつくりました。

▶版籍奉還…藩主《はんしゅ》に土地と人民を政府に返させた。

▶廃藩置県…藩を廃止《はいし》して府・県を置き，府知事・県《けん》令《れい》（のちの県知事）を中央から派遣《はけん》して治めさせた。

1873年から地租改正《ちそかいせい》が行われ，土地所有者に**地価の３％**を**現金**で納めさせることになって政府の収入が安定しました。

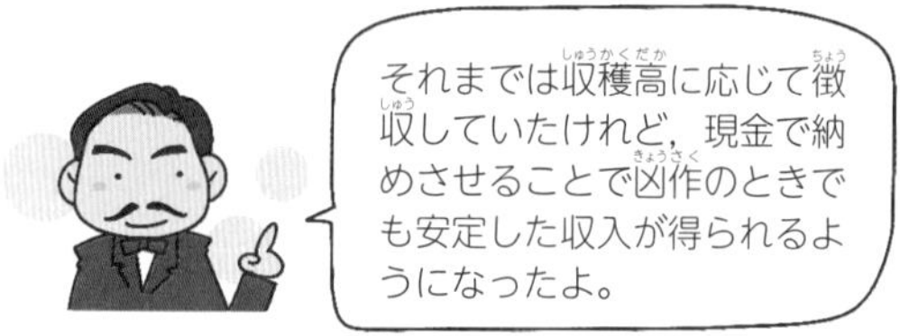
それまでは収穫高《しゅうかくだか》に応じて徴《ちょう》収《しゅう》していたけれど，現金で納めさせることで凶作《きょうさく》のときでも安定した収入が得られるようになったよ。

寝る前にもう一度

- 版籍奉還と廃藩置県で中央集権国家の基礎《きそ》が確立した。
- 明治政府は財政を安定させるため，地租改正を行った。

20. 歴史：立憲政治の始まり

□　月　日
□　月　日

★今夜おぼえること

板垣退助《いたがきたいすけ》は国会開設を求めて自由民権運動を始めた。

板垣退助
国会を開いて国民を政治に参加させよ！
民撰議院《みんせんぎいん》設立
(の) 建白書《けんぱくしょ》

伊藤博文《いとうひろぶみ》は大日本帝国憲法《ていこくけんぽう》の草案をつくった。

伊藤博文は初代の内閣総理大臣（首相《しゅしょう》）になったよ。

これで日本はアジアで最初の近代的な立憲制国家だ。
伊藤博文

★今夜のおさらい

🌟1874年, 板垣退助《いたがきたいすけ》らが**民撰議院《みんせんぎいん》設立(の)建白書《けんぱくしょ》**を出したことをきっかけに自由民権運動が全国に広がりました。

政党も結成された。
自由党
立憲改進党
板垣退助
大隈重信《おおくましげのぶ》

🌙大日本帝国憲法《ていこくけんぽう》は, 伊藤博文《いとうひろぶみ》らが**ドイツ(プロイセン)**の憲法などを学んで草案をつくり, 1889年に発布されました。

伊藤博文
君主の権限が強いドイツの憲法は日本が目指す政治に合っているな。

寝る前にもう一度

- 🌟板垣退助は国会開設を求めて自由民権運動を始めた。
- 🌙伊藤博文は大日本帝国憲法の草案をつくった。

21．歴史：日清戦争と日露戦争

□ 月 日
□ 月 日

★今夜おぼえること

日清《にっしん》戦争で日本は遼東《りょうとう》《(リアオトン)》半島と多額の賠償金《ばいしょうきん》を得た。

日清戦争は日本の勝利に終わり，下関《しものせき》（山口県）で講和条約（下関条約）が結ばれたよ。

賠償金を払《はら》っていただきたい。

日露《にちろ》戦争の講和条約をポーツマス条約という。

日清戦争と日露戦争の講和条約名をまちがえないようにしよう。

アメリカ
そろそろ講和したら？
ロシア
日本

★今夜のおさらい

1894年に起こった日清戦争《にっしん》で日本は勝利をおさめ，翌年《よくねん》の下関《しものせき》条約では台湾《たいわん》や遼東《りょうとう》半島(リアオトン)などの領土と賠《ばい》償金《しょうきん》を得ました。

遼東半島は三国干《さんごくかん》渉《しょう》で返還《へんかん》したんだ。

日清戦争後の下関条約で日本が得た領土▶

1904年に日露《にちろ》戦争が起こり，翌年，アメリカの仲立ちにより，アメリカのポーツマスで講和条約（ポーツマス条約）が結ばれました。この条約で日本は南樺太《からふと》の領有や韓国《かんこく》での優越権《ゆうえつけん》を認《みと》められましたが，賠償金は得られませんでした。

寝る前にもう一度

- 日清戦争で日本は遼東半島と多額の賠償金を得た。
- 日露戦争の講和条約をポーツマス条約という。

22．歴史：第一次世界大戦と日本

□ 月 日
□ 月 日

★今夜おぼえること

ゴロ合わせ　第一次世界大戦始まる

行《1》く《9》人《1》死《4》(1914年)んだ第一次世界大戦。

第一次世界大戦は1914年に始まり，世界中を巻き込《こ》んで多くの犠牲《ぎせい》者《しゃ》を出したよ。

普通《ふつう》選挙法で満25歳《さい》以上のすべての男子に選挙権。

1925年，日本の選挙制度が変わり，選挙権にそれまでの納税額による制限がなくなったんだ。

財産がなくても選挙権をもてるんだ！

★今夜のおさらい

✪1914年，バルカン半島で起こったオーストリア皇《こう》位《い》継承者《けいしょうしゃ》夫《ふ》妻《さい》暗殺事件をきっかけに，ドイツ中心の三国同盟《どうめい》とイギリス中心の三国協商《きょうしょう》（連合国）との間で第一次世界大戦が始まりました。

同盟国が敗れ，1919年に連合国とドイツがベルサイユ条約を結んだよ。

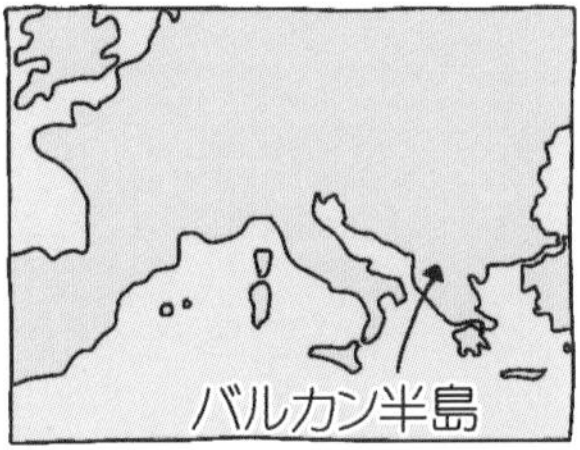
バルカン半島

☽1925年，納税額に関わりなく，満25歳《さい》以上のすべての男子に選挙権を与《あた》える普通《ふつう》選挙法が成立しました。これにより，全人口に占《し》める有権者の割合は，約4倍に増えました。

女性にも選挙権が
与えられるのは
第二次世界大戦後よ。

寝る前にもう一度

- ✪第一次世界大戦が始まった年は，「行く人死（1914年）んだ第一次世界大戦」。
- ☽普通選挙法で満25歳以上のすべての男子に選挙権。

23．歴史：第二次世界大戦と日本

□　月　日
□　月　日

★今夜おぼえること

★★★ ゴロ合わせ　日中戦争始まる　い《1》く《9》さ《3》長《7》（1937年）引く日中《にっちゅう》戦争。

1937年に始まった日本と中国の全面戦争は長く続いたんだ。

☾1945年，日本はポツダム宣言を受け入れて降伏《こうふく》した。

ポツダム宣言は，連合国が日本の降伏条件などを示した宣言だよ。

★今夜のおさらい

1937年，盧溝橋《ろこうきょう》《ルーコウチアオ》事件をきっかけに，日中《にっちゅう》戦争が始まりました。戦争は長引き，日本は国民や物資を戦争目的で動員できる国家総動員法を定めるなど戦時体制を強めました。

年	1931	1937	1939	1941	1945
できごと	満州《まんしゅう》事変 →	日中戦争 →	第二次世界大戦 →	太平洋《たいへいよう》戦争 →	戦争が終わる

第二次世界大戦末期の1945年7月，連合国はポツダム宣言を発表しました。8月に日本はこれを受け入れて降伏《こうふく》し，第二次世界大戦が終わりました。

寝る前にもう一度

- 日中戦争が始まった年は，「いくさ長（1937年）引く日中戦争」。
- 1945年，日本はポツダム宣言を受け入れて降伏した。

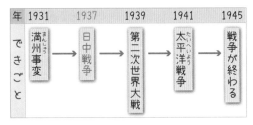

✿漢詩は、一句（一行）に用いる字数と句（行）の数によって形式が分けられる。

● 絶句《ぜっく》

五言《ごごん》絶句…一句が五字で四句。

七言《しちごん》絶句…一句が七字で四句。

● 律詩《りっし》

五言律詩…一句が五字で八句。

七言律詩…一句が七字で八句。

漢詩は昔の中国《ちゅうごく》の詩で、古くから日本にも伝わって、親しまれてきたよ。

☽

● 押韻《おういん》は、「韻を踏《ふ》む」ともいう。

例

江《こう》ハ碧《みどり》ニシテ鳥ハ逾《いよい》ヨ白ク

山ハ青クシテ花ハ欲《ほっ》スレ然《も》エント

今《こん》春《しゅん》看《みすみ》ス又《また》過グ

何《いず》レノ日カ是《こ》レ帰《き》年《ねん》ナラン

然→ネン（nen）

年→ネン（nen）

● 対句《ついく》で並べる句は、語や構成がつり合ったもの。

例

地形	江	↔	山
色彩《しきさい》	碧	↔	青
生物	鳥	↔	花
色彩	逾白	↔	欲然

寝る前にもう一度

✿漢詩の主な形式は四つ。五言絶句と七言絶句。五言律詩と七言律詩。

☽押韻とは、同じ響《ひび》きの字を句末に置くこと。対句とは、対応する二つの句を並べること。

★今夜おぼえること

漢詩の主な形式は四つ。

五言《ごごん》絶句《ぜっく》と七言《しちごん》絶句。

五言律詩《りっし》と七言律詩。

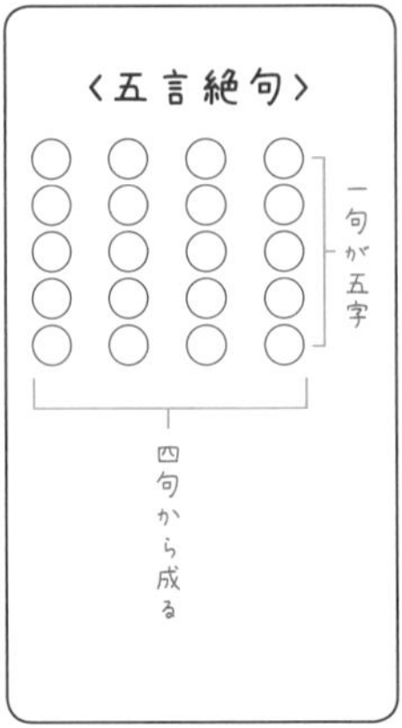
〈五言絶句〉
一句が五字
四句から成る

押韻《おういん》とは、同じ響《ひび》きの字を句末に置くこと。

対句《ついく》とは、対応する二つの句を並べること。

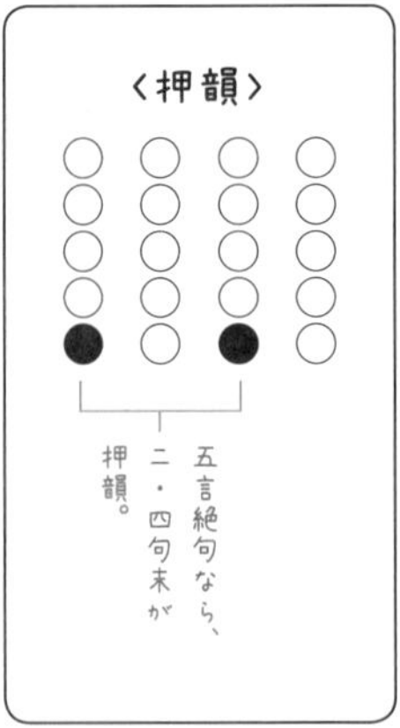
〈押韻〉
五言絶句なら、二・四句末が押韻。

★今夜のおさらい

- **返り点**とは、漢文を日本語の語順で読むための符《ふ》号《ごう》で、漢字の**左下**に入る。

例 **レ点** 咲《さ》クレ花ガ。 訳 花が咲く。

例 **一・二点** 看《み》ル二月光ヲ一。 訳 月光を看る。

- **送り仮名《がな》**は、**片仮名**で漢字の**右下**に入る。

例 子曰《い》ハク、 訳 先生がおっしゃるには、

句読点も、送り仮名と同じく漢字の右下に入るよ。

- **書き下し文**とは、漢文を**漢字仮名交じり文**に書き直したもののこと。
- 漢文に入れる**送り仮名**とは、日本語の**助詞・助動詞・活用語の活用語尾《ごび》**を補うために入れる仮名のこと。

漢字の訓読みに入れる送り仮名とは、少し意味が違《ちが》うんだね。

寝る前にもう一度

- 漢文を読むためには訓点（返り点・送り仮名・句読点）を入れる。
- 書き下し文では、送り仮名や助詞・助動詞に当たる「不」などは平仮名にする。

★今夜おぼえること

☆ **漢文を読むためには**

訓点（**返り点**・**送り仮名《がな》**・**句読点**）を入れる。

例

春《しゅん》眠《みん》不《ず》レ覚エレ暁《あかつき》ヲ。

（返り点／送り仮名／句点）

☽ **書き下し文では、**

送り仮名や助詞・助動詞に当たる「不」などは平仮名にする。

例

春眠不レ覚エレ暁ヲ。 ◀ 春眠暁を覚えず。

★今夜のおさらい

☆

- 「枕草子《まくらのそうし》」は平安《へいあん》時代の清《せい》少納言《しょうなごん》が、宮廷《きゅうてい》生活での見聞や自然の様子を描《えが》く。宮仕《みやづか》えしていた随筆《ずいひつ》。
- 「徒然草《つれづれぐさ》」は鎌倉《かまくら》時代の随筆。出家《しゅっけ》した兼好法師《けんこうほうし》の無常観が反映されている。
- 「平家物語《へいけものがたり》」は鎌倉時代の軍記物語。平家の栄華《えいが》と衰退《すいたい》を描く。無常観が物語の基調となっている。

☽

- 係りの助詞「ぞ・なむ・や・か」があると、文末は連体形になる。

例 いづれの山か天に近き。（連体形）

訳 どの山が、天に近いのか。

- 係りの助詞「こそ」があると文末は已然《いぜん》形になる。

例 秋こそ勝れ。（已然形）

訳 秋が優れている。

疑問・反語の意味の「や・か」は訳すけど、強調の意味の「ぞ・なむ・こそ」は、普通《ふつう》は訳さないんだって。

寝る前にもう一度

☆「枕草子（清少納言）」「徒然草（兼好法師）」は随筆。「平家物語」は軍記物語。

☽文中に係りの助詞「ぞ・なむ・や・か・こそ」が出てきたら、「係り結び」に注意。

月　日

月　日

★今夜おぼえること

「枕草子《まくらのそうし》（清少納言《せいしょうなごん》）」「徒然草《つれづれぐさ》（兼好法師《けんこうほうし》）」は随筆《ずいひつ》。「平家物語《へいけものがたり》」は軍記物語。

文中に係り*の助詞「ぞ・なむ・や・か・こそ」が出てきたら、「係り結び」に注意。

＊係助詞ともいう。

★今夜のおさらい

・比喩《ひゆ》には三種類ある。

①直喩《ちょくゆ》…「〜ような」などを使ってたとえる。

例 太陽のような笑顔《えがお》。

②隠喩《いんゆ》…「〜ような」などを使わずにたとえる。

例 太陽の笑顔。

③擬人《ぎじん》法…人ではないものを人に見立ててたとえる。

例 太陽がほほえむ。

・季語は、原則として一つの俳句に一つ入れるのがきまりである。

・五・七・五の定型や季語にとらわれない俳句を、自由律俳句という。

・切れ字は言い切る働きをし、感動や強調を表す。助詞「や・ぞ・かな・か」、助動詞「けり・なり・たり」などがある。

寝る前にもう一度

詩の主な表現技法は、比喩（たとえ）、反復（繰《く》り返し）、倒置《とうち》（語順の入れ替《か》え）。

俳句は五・七・五の十七音の定型詩。季節を表す季語と、「や・かな」などの切れ字に注目。

月　日　月　日

★今夜おぼえること

詩の主な表現技法は、
比喩《ひゆ》（たとえ）、
反復（繰《く》り返し）、
倒置《とうち》（語順の入れ替《か》え）。

比喩　炎《ほのお》のような熱意。
反復　始まる、始まる。
倒置　進もう、前へ。

俳句は五・七・五の
十七音の定型詩。
季節を表す季語と、
「や・かな」などの
切れ字に注目。

名月《めいげつ》をとってくれろと
なく子かな
小林一茶《こばやしいっさ》

国語

★今夜のおさらい

● **尊敬語**は相手を敬う表現。

「おっしゃる」は、「言う・話す」の意味の尊敬語。

● **謙譲語**《けんじょう》は自分の動作をへりくだる表現。「申しあげる」は、「言う・話す」の意味の謙譲語。

● **丁寧語**《ていねい》は「です・ます」を付けて、聞き手や読み手に敬意を表す表現。

● 尊敬語には「お(ご)〜になる」、謙譲語には「お(ご)〜する」を使った表現もある。

例 尊 ご注文になる　謙 お持ちする

● 丁寧語には「ございます」を使った表現もある。

例 こちらでございます。

「お客様」のように、接頭語や接《せっ》尾《び》語を付ける尊敬語もあるね。

寝る前にもう一度

先生がおっしゃる。先生に申しあげる。説明があります。

お客様がご注文になった商品をお渡《わた》しする。「こちらでございます。」

月　日
月　日

★今夜おぼえること

先生がおっしゃる。
先生に申しあげる。
説明があります。

おっしゃる
申しあげる
説明があります。

お客様が
ご注文になった
商品をお渡《わた》しする。

こちらでございます。

★今夜のおさらい

● **格助詞**は、主に**体言**（名詞）に付く。「が・の・を・に・へ・と・から・より・で・や」の十単語。

● **接続助詞**は、主に活用する単語（**用言**や助動詞）に付く。

例 外は寒い（用言）が、（接続助詞）平気だ。

格助詞は、「鬼（をに）が戸（と）より出（で）、空（から）の部屋（へや）」と覚えるといいよ。

● **副助詞**は、さまざまな単語に付く。複数の意味をもつものもある。

例 五分ばかり待つ。（意味 程度）
遊んでばかりいる。（意味 限定）

● **終助詞**は、主に**文末**に付くが、**文中の文節**に付くこともある。

例 今ね、駅前にいるよ。

終助詞は会話の中でよく使われるね。

寝る前にもう一度

格助詞は、下の語句との関係を示す。接続助詞は、いろいろな関係で前後をつなぐ。

副助詞は、意味を添《そ》える。終助詞は、気持ちや態度などを示す。

月　日　月　日

★今夜おぼえること

格助詞は、下の語句との関係を示す。

接続助詞は、いろいろな関係で前後をつなぐ。

のどが渇《かわ》いたので、水を飲む。
格助詞
接続助詞
格助詞

副助詞は、意味を添《そ》える。

終助詞は、気持ちや態度などを示す。

来年こそ優勝したいね。
副助詞
終助詞

★今夜のおさらい

★助動詞は、用言（動詞・形容詞・形容動詞）や体言（名詞）、他の助動詞などに付く。

例 始め ます。 動詞 意味 丁寧《ていねい》

近い らしい。 形容詞 意味 推定

見られ た。 助動詞 意味 過去

「話し ませ ん でし た」のように、一文節の中で重ねて使うこともあるよ。

☽

●希望の意味の「たい・たがる」は、「たい」が自分自身の希望、「たがる」が自分以外の人の希望を表す。

例 映画が見たい。 自分自身

妹が見たがる。 自分以外の人

●「ようだ・ようです」には、推定とたとえ（比《ひ》喩《ゆ》）の意味がある。

例 雨が降るようだ。 意味 推定

雨が滝《たき》のようだ。 意味 たとえ（比喩）

寝る前にもう一度

★助動詞には、「れる・られる」「らしい」「ます」などがある。

☽用法の異なる助動詞「たい・たがる」、複数の意味をもつ助動詞「ようだ・ようです」。

□ 月 日　□ 月 日

★今夜おぼえること

★★助動詞には、「れる・られる」「らしい」「ます」などがある。

食べられる
おいしいらしい
買います！

☾用法の異なる助動詞「たい・たがる」、複数の意味をもつ助動詞「ようだ・ようです」。

プリンセスのようだ
着たい！

★今夜のおさらい

●形容詞は、性質・状態を表す単語。

●形容詞は、語幹に「し」の付くものと付かないものがある。

例 おいしい・美しい…「し」が付く
赤い・多い…「し」が付かない

「大きい・おかしい」は形容詞、「大きな・おかしな」は連体詞。品詞を間違《まちが》えないように注意しよう。

●形容動詞は性質・状態を表す単語。

●「です」の型の形容動詞には、仮定形もない。

●驚《おどろ》きや感動が込《こ》められたとき、語幹だけを用いた言い方をすることがある。

例 まあ、素敵。

「暖かい」は形容詞、「暖かだ」は形容動詞。形容詞と形容動詞は性質や働きがほぼ同じなので注意しよう。

寝る前にもう一度

形容詞は「い」で終わる。活用は一種類だけで、命令形はない。

形容動詞は「だ・です」で終わる。活用は二種類で、命令形はない。

月 日 月 日

★今夜おぼえること

形容詞は、「い」で終わる。活用は一種類だけで、命令形はない。

形容動詞は、「だ・です」で終わる。活用は二種類で、命令形はない。

★今夜のおさらい

・上《かみ》一段活用の動詞は活用語尾《ごび》にイ段の音が、下《しも》一段活用の動詞は活用語尾にエ段の音が入る。

・他の活用の種類の動詞と見分ける場合、下に「ナイ」を付けて活用語尾がイ段の音になれば上一段活用、エ段の音になれば下一段活用。

例 起き(ki)ナイ　食べ(be)ナイ

・カ行変格活用(カ変)は、カ行の音で変則的に活用する。「来る」のみ。

・サ行変格活用(サ変)は、サ行の音で変則的に活用する。「する」と「～する(ずる)」という形の複合動詞がある。

サ変の未然形は、「ナイ・ヌ・ズ・レル」に続くよ。

寝る前にもう一度

動詞の活用の種類のうち、イ段とエ段で活用するのは、上一段活用・下一段活用。

動詞の活用の種類のうち、変則的に活用するのは、カ行変格活用(カ変)・サ行変格活用(サ変)。

★今夜おぼえること

動詞の活用の種類のうち、イ段とエ段で活用するのは、上《かみ》一段活用・下《しも》一段活用。

動詞の活用の種類のうち、変則的に活用するのは、カ行変格活用（カ変）・サ行変格活用（サ変）。

★今夜のおさらい

●**連体形**とは、主に**体言**に続く形。

例 行くトキ

●**仮定形**とは、「**もし～ならば**」と仮定する形。

例 行けバ

●**命令形**とは、**命令して言い切り**、文を終える形。

例 行け。

命令形は、用言の中で動詞にはあるけど、形容詞・形容動詞にはないんだって。

●動詞は**動作**・**変化**・**存在**を表す単語。

●五段活用の動詞は、活用語《ご》尾《び》が**ア**・**イ**・**ウ**・**エ**・**オ**の**五段**にわたって変化する。

●他の活用の種類の動詞と見分ける場合、下に「**ナイ**」を付けて活用語尾が**ア**段の音になれば五段活用。

例 行か(ka)ナイ

寝る前にもう一度

- 活用形は六つ。④連体形、⑤仮定形、⑥命令形。
- 動詞の活用の種類のうち、ア・イ・ウ・エ・オで活用するのは、五段活用。

□月日 □月日

★今夜おぼえること

活用形は六つ。
④連体形、⑤仮定形、⑥命令形。

※①②③は166ページ。

動詞の活用の種類のうち、ア・イ・ウ・エ・オで活用するのは、五段活用。

★今夜のおさらい

活用する単語は、自立語では動詞・形容詞・形容動詞の三つ、付属語では助動詞のみである。

例 校庭を走る。（動詞） 新しい駅。（形容詞）

外は静かだ。（形容動詞） 寒いらしい。（助動詞）

「見る」「着る」「寝《ね》る」「出る」のように、語幹と活用語尾《ごび》の区別がない動詞もあるよ。

● 未然形とは、「ナイ・ウ・ヨウ」などに続く形。

例 走らナイ・走ろウ

● 連用形とは、「マス・タ」などに続く形。

例 走りマス・走っタ

● 終止形とは、言い切って文を終える形。

例 走る。

未然形の「未然」とは、「まだそうなっていない」という意味なんだって。

寝る前にもう一度

- 活用とは単語の形が変化すること。形が変化しない部分が語幹、変化する部分が活用語尾。
- 活用形は六つ。①未然形、②連用形、③終止形。

月　日　月　日

★今夜おぼえること

活用とは単語の形が変化すること。

形が変化しない部分が語幹、変化する部分が活用語尾《ごび》。

語幹
活用語尾

走らナイ・走りマス・走る。・走るトキ・走れバ・走れ。

活用形は六つ。

①未然形、

②連用形、

③終止形。

※④⑤⑥は164ページ。

国語はこちら側から始まるよ!

編集協力：上保匡代，有限会社オフサイド，鈴木瑞穂，木村紳一，野口光伸

表紙・本文デザイン：山本光徳
本文イラスト：山本光徳，斉藤明子，株式会社アート工房，さとうさなえ，森永みぐ，まつながみか
DTP：株式会社明昌堂　データ管理コード：23-2031-2917（CC19）
図版：木村図芸社，株式会社明昌堂
※赤フィルターの材質は「PET」です。
◆この本は下記のように環境に配慮して製作しました。
・製版フィルムを使用しないCTP方式で印刷しました。
・環境に配慮して作られた紙を使用しています。

寝る前5分 暗記ブック 中2 改訂版

⑨